A Sense of Urgency

Does Your Organization Have a
True Sense of Urgency?

企業変革の核心

「このままでいい」を
どう打ち破るか

ジョン・P・コッター
John P. Kotter
村井章子訳

日経BP社

A SENSE OF URGENCY

by John P. Kotter

Published by arrangement with
Harvard Business School Press, Boston
through Tuttle-Mori Agency, Inc., Tokyo

企業変革の核心

――「このままでいい」をどう打ち破るか

目次

第八章 危機感を友として …199

第九章 未来は今日から始まる …221

まえがき

本書のテーマはずいぶん狭いと感じられるかもしれない。たしかに本書で取り上げるのは、企業変革のカギとなる危機感を生み出し維持するにはどうしたらよいか、ということに尽きる。だが変化のスピードが速いいまの時代には、停滞は危険であり、危機感を持って臨むことがますます重要になっている。現状に安住していたら、どれほど有能な人も、どれほど豊かなリソースを擁する組織も、やがては困った状況に追い込まれるだろう。しかし「このままではいけない」とつねに思っていれば、数々の障害を乗り越えて成長し続けられるはずだ。それは経営者や社員にとってだけでなく、国全体にとっても望ましい。

こうした考えを持つようになったのは、もう一〇年以上も前、一九九六年に『企業変革力』

（原題 Leading Change、日経ＢＰ社）を出版したときに遡る。同書では、新しい戦略やＩＴシステムの導入、組織の改革や再編といった大規模な企業変革を実現するにはどうしたらよいか、約一〇〇社の事例を分析して論じた。驚いたことに、このとき行った調査では、明らかに変革を必要とする企業の七〇％以上が、やる気がないか、着手はしたものの失敗に終わったか、あるいはやり遂げはしたが予算オーバーだったり、計画より大幅に遅れたり、社内にしこりを残したりしていたことが判明したのである。その一方で約一〇％は、当初の期待以上の成果を上げていることもわかった。しかも、この一〇％の企業では、ほぼ全社で同じような手法が採用されているのに気づいて、私は遅まきながら大いに驚く。そしてまとめたのが『企業変革力』の八段階のプロセスである。そのプロセスの第一段階が、組織に危機意識を生み出すことだった。

それから六年後の二〇〇二年に、ダン・コーエンと私は続編として『ジョン・コッターの企業変革ノート』（原題 The Heart of Change、日経ＢＰ社）を書いた。同書のために数百人に取材し、八つの段階それぞれについて興味深い話を聞いている。このときもやはり七〇％は失敗、一〇％は大成功していることが確かめられたのだが、そのほかにもう一つわかったことがある。変革に成功し脱皮を続ける企業では、社員の心に訴えているということだ。この発見を、ホルガー・ラスゲバーと私は二〇〇六年に寓話仕立てで発表した。『カモメになったペンギン』(原題 Our Iceberg Is Melting、ダイヤモンド社)である。企業変革に伴う複雑な要素のうち、「心を動かすこと」にスポットライトを当てて、わかりやすく説いた。主役は皇帝ペンギン。カラフルなイラストと共にたくさんのユニークなペンギンたちが登場する。

ペンギンの物語を書くときにまず頭に浮かんだのは、これまでに何度となく聞かれた質問のことだった。「変革に取り組むとき、最大の失敗要因を一つ挙げるとしたら、それは何でしょうか」という質問である。よくよく考えた末に、私はこう答えることに決めた。変革や飛躍を成功させるには、相当数の社員が強い危機感を持たなければならない。それができないことが最大の失敗要因である、と。

この答えが正しいかどうかを確かめ、かつこの点を深く掘り下げるために、私はマネジャー以上を対象に新たな質問リストを用意し、組織的な調査に着手した。あなたの同僚や部下はどの程度の危機感を持っているのか。いまの質問に対する答えはどのような根拠に基づくものか。危機感が弱い場合、それはなぜか。それに対して何か手を打っているか。具体的にどんな対策をとっているのか。その対策は成果が現れているか。成果が現れていない場合、組織にこの先どのような影響があると思うか。成果が現れている場合、うまくいったのはなぜだと思うか。こうした質問をぶつけて得られた収穫を、以下に挙げる。

第一に、変革は危機感から始まる。私のこの確信は、今回の調査でいよいよ深まった。規模の大小を問わずどんな変革も、第一歩を踏み出す段階で危機意識が低く現状でよしとする空気が強いと、実現は困難になる。困難だから失敗が多くなり、苦痛と落胆を伴う。こうしてあの七〇％という残念至極な数字が出てくることになる。

第二に、現状に満足する空気、「このままでいい」という気分は、組織内に想像以上にはびこっている。しかも当事者は気づいていないことが多い。一度成功すると、人も組織も容易に満足し慢心してしまう。最近の成功でなくても、そうだ。最盛期が一〇年も前に終わっているのに、そのとき生まれた自己満足が根強く組織に染みついている企業はめずらしくない。聡明なマネジャーでも、若い部下が「現状にとりたてて不満はない、この調子でやっていれば問題ないだろう」などとぬるま湯気分に浸っていることに気づかない。いやどうかすると当のマネジャーですら、自分の現状肯定を意識していないことがある。

第三に、危機感の浸透を妨げるのは現状肯定や自己満足だけではない。一見するとほんとうの危機感に似ている偽の危機感も、大敵である。こうした見せかけの危機感は自己満足と同じぐらい組織内に蔓延しており、しかも自己満足より始末に悪い。たとえばあるチームが猛烈な勢いで何かに取り組んでいても、それはただ不安や焦燥に駆られているだけだということがよくある。あるいは怒りや不満から来る行動かもしれない。いずれにせよ、どれもほんとうの危機感とは別物であり、理性的な判断や強い決意に裏付けられたものではない。このような偽の危機感に駆り立てられた組織では、行動が浮き足立ってくる。次から次へと会議が開かれ、膨大な書類が作成され、誰もが忙しく動き回る。だがこうした行動は得てして的外れであり、無用の問題にエネルギーを使い、重要なチャンスを取り逃がすことになる。

第四に、偽物の危機感は本物と取り違えやすい。これは重大な問題である。熱に浮かされたように計画が立てられ、次から次へと実行に移されていくのを目の当たりにすれば、これこそ危機感に目覚めての行動だと勘違いしやすい。だがそのまま突き進めば、やがて問題に突き当たるのは必至である。自己満足が蔓延した組織では変革はまず成功しないが、偽の危機感が充満した組織でも変革は失敗する。そうなれば会社も社員も傷つき、ときには再起不能になることさえある。

第五に、偽の危機感や自己満足の存在をあぶり出し、ほんとうの危機感に変えることは十分に可能である。そのための戦略があり、戦術がある。本書では大半のページを費やして、この戦略と戦術を解説していく。

第六に、変化が単発ではなく連続的になってきた現在、危機意識を維持することの重要性はますます強まっている。単発的な変化であれば、たとえば合併や買収で対応するという具合に、一つの大きな問題に取り組めばよい。これに対して変化が連続的だと、買収に新戦略にＩＴプロジェクトに組織再編に……という具合に、取り組むべきことが絶え間なく続く。単発の問題では、危機感を集中的に高める必要がある。これはこれで困難なことだが、連続的となると、危機感を維持しなければならない。企業はこの先も、この二種類の変化に直面することになろう。が、流れが速くなる一方の世界では、変化は次第に連続性を帯びるようになると考えられる。そのことは、企業にとって重要な意味を持つ。危機意識はもはや企業変革のカギを握るだけにとどまらず、もっと広く深く、企業の存続そのものにとって不可欠な要素となるだろう。

私はこれまで、企業変革を成功させる八段階のプロセスの一つとして危機意識を取り上げてきた。しかし、近年になってその重要性がとみに高まってきたと強く感じ、改めてこの問題を単独で取り上げることにした次第である。私のリーダーシップ論や企業変革論をすでに読んでくださった読者にとっても、危機感について深く掘り下げた本として、興味深くお読みいただけるだろう。本書ではこのテーマをさまざまな角度から論じ、建設的な真の危機感と破壊的な偽の危機感のちがいを明確にする。また危機感を生み出すための戦術、自己満足や現状肯定を打破する方法を、最新の事例と共に説明する。

本書には、失敗例、成功例を豊富に盛り込んだ。六二歳のＣＥＯの例もあれば、大学を出て間もない二七歳の平社員の例もある。失敗例を読んで賢くなり、成功例を読んで勇気を持ってほしい。紹介した例のうち四分の三はアメリカ企業のものだが、基本的なポイントはどの国の企業にも役立つと信じる。

本書に協力してくださった人は多数に上り、お名前をすべて挙げることはとてもできそうにない。この場を借りて全員に心からお礼申し上げる。

ジョン・コッター

マサチューセッツ州ケンブリッジにて

第一章

変革は危機感から始まる

「このままでいい」と思う人が多すぎる。
しかもそのことに気づいてもいない。

あなたの会社は大丈夫か

「もちろん危機感を持つことは重要だ」

とある経営者は言う。

「いまどき現状に安住しているのが命取りだということも、よく理解している。だがわれわれはいま、もっと大事な問題を抱えている。イノベーション・プログラムの推進こそ目下の緊急課題だ」

この経営者はたいへん聡明なのだが、どうも大切なことを理解していないようだ。新たな市場機会をつねに探し、業績が好調なうちに先手を打つ姿勢がみられない。もっともこれは、ライバル企業も大差ないかもしれないが。しかもご自慢の「イノベーション・プログラム」は、どう見ても順調に進んでいるとは言いがたい。社内を見渡せば、原因は一目瞭然である。社員はみな自分のささやかなイノベーションに至極満足しているのだ。もちろんそんなことを上司には言わないが、心の中ではそう思っている。そもそも「イノベーション・ナントカ」というのは目下の流行であって、いずれ廃れるのはまちがいない。となれば、そんなことに時間をかけるにはおよばない、というのが社員の本音だ。なるほど上司の目から見れば、部下はリストをつくり、報告書を書き、忙しそうに右往左往している。だがきっと社員は、やらないと上司の機嫌が悪くなるとか、面倒だからさっさと片付けようといった理由でやっているのだ。しかもそのことをはっきり意識もしていない。周りがみなそうだったら、なおのことだ。こうした状況では、イノベーション・プログラムであれ何であれ、成果を上げるのは難しい。

「危機感を生み出すなんて、いまのところまったく必要ないわ」

と断言するエグゼクティブもいる。

「だってウチは正真正銘の危機のまっ只中にいるんですから。何かを変えなければいけないことは、社員はみんなわかっている。まさに足下に火が付いていることを、誰もが理解している。たしかにこれまでは自己満足している社員も多かったけれど、いまはもうそんな人はいない。いまの課題は新しい戦略を理解し実行することよ」

エグゼクティブの執務室からは、新戦略を進める機は熟したと見えるのかもしれない。それに、この有能なエグゼクティブはもう見事な新戦略を練り上げてある。だが実際には、すでに絶滅したはずの現状肯定派がまだしぶとく生き残っているのだ。彼らは無能で怠け者だから現状を維持したがるのだろうか。そうではない。広い社内にはおそまつな社員もいるだろうけれども、それはまた別の問題である。

じつは、経営チームから見えないところには別世界が存在する。ぬくぬくと快適な職場にいて、投資アナリストの指摘も顧客の苦言も耳に入らない。足下に火が付くどころか、火の粉さえ飛んでこない。きな臭くなってきたと気づく社員も中にはいるだろう。だがすぐに手を打とうとはせず、火元を探して責任をなすりつけようとする。「マーケティング部門の改善が必要だ。あそこはなってない」という具合である。

「いやあ、もう、勘弁してください」

と開き直る経営者もいる。

「これまでずっと、このままじゃだめだ、それやれ、あれやれで突っ走ってきましたからね。もう疲れましたよ。こんなのは長続きするもんじゃありません」

なるほど社員は走り回り疲れ切っている。だが、膨大な仕事を次から次へとこなしているからといって、本物の危機感を持って取り組んでいることにはならない。それとこれとはまったく別物である。みな一〇も二〇もの仕事に手を付けて大車輪で働いているが、会社の持続的な成功にとって重要なものはほとんどない。これでは社員は疲労困憊し、本物の危機感が生まれる余地はなくなってしまう。一日のうちに九回も会議があり、九つの違う議題について論じていたら、誰がほんとうに重大な問題にいま取り組むことができるだろう。

「来月中に二〇〇〇人か三〇〇〇人を解雇することになった。大変なことだ」

ある経営者は青ざめて私に言った。

「一年前に対策を講じていれば、こんなことにはならずに済んだはずだ。それを考えると、いくら後悔しても足りない」

この経営者に決断力と行動力があることを知っていた私は、なぜ一年前に手を打たなかったのかと尋ねた。彼はさんざん考えた末に、答えを絞り出した。

「まったくの後知恵だが、おそらくわれわれは自己満足に陥っていたんだ。慢心もあった」

なぜ自己満足し慢心したのかと、私は重ねて質問した。

「昔の栄光のせいだ。そうにちがいない」

その通りだった。

どんな組織にもある二つの欠陥

企業であれ政府であれ、あらゆる組織はある重大な欠陥を抱えている。この欠陥は、すぐに対処しないとやがて深刻化する。大勢の人が解決策だと考えているものはじつはそうではなく、むしろ事態を一層悪化させるだけだ。ほんとうの解決策は別にあり、それは一部の賢明な企業ではすでに使われていて、組織にとっても個人にとっても望ましい成果を上げている……。

この欠陥というのは、自己満足である。あるいは現状肯定と言ってもいい。

「われわれはなかなかよくやっている」「このまま、この調子でやっていればいい」というぬるま湯気分はどんな組織にも存在するのだが、その事実も、その危険性も十分に認識されていない。「いやいや私は断じて満足していない」と大勢が言い張るような組織にも、自己満足の毒は浸透している。

「このままでいい」と考えている人は、口では何と言っても行動を見ればすぐにわかる。またとない機会をあっさり見逃してしまうし、重大な脅威が迫っても一向に気がつかない。製品からシステム、仕事のやり方から服装に至るまで、過去のやり方にこだわる。組織の外から見れば、自己満足が危険な現象であり過去の成功体験がおごりや怠慢を招いていることは一目瞭然である。だが中にいると、どれほど聡明な人でもなかなか客観的にはなれないものらしい。改善すべき点があることはわかっている、だがそれはウチの部門じゃなくてあっちだ、などという。そしてあっちでは、自分たちのやるべきことはちゃんとやっているという。変化がゆるやかな時代の大きな企業であっても、こうした姿勢は好ましいものとは言えまい。ただそういう時代であれば、ぬるま湯状態の打開は課題ではあっても、最重要課題とまではいかなかった。しかし変化のスピードが速い現代では、頑迷な現状肯定は命取りである。これはけっして誇張ではない。

のんびりぬるま湯企業と対照的なのは、社員がせかせか精力的に行動している企業である。こういう企業のマネジャーは、ウチは大丈夫、部下はみんな危機感を持ってやってくれていると考えやすい。誰もが会議から会議へ走り回っているし、パワーポイントでプレゼンテーションの準備に余念がない。やることリストには何十項目も書き込まれている。「このままでいい」というねぼけたヤツはいない、危機感が充満している、と感じる。だがほとんどの場合、それらは不安だとか怒り、不満などから来る行動であって、冷静な判断や強い決意に裏付けられた行動ではない。こうした偽物の危機感からやみくもに行動するのは、組織にとってデメリットの方がはるかに多い。「とにかく何かをやる」ことに無駄なエネルギーが注がれ、建設的な結果を生まないという点で、自己満足よりも始末が悪いと言えるだろう。

多忙や活気を危機感と取り違える上司は、わざわざそうした状況を作り出そうとし、「すぐやれ」という命令を矢継ぎ早に出す。部下は一斉に突進し、ミーティングを開き、タスクフォースを発足させ、メールを打ちまくる。職場は嵐のように、悪くすれば竜巻のようになるだろう。嵐も竜巻も、破壊はするが何も生まない。

自己満足体質の組織に風穴を開けるのは、偽ではなく本物の危機感である。本物の危機感は、何十項目ものやることリストや会議の連発とも、アドレナリン全開の行動とも無縁だ。

そもそもアドレナリンを出し続けることは不可能である。ほんとうの危機感を抱く人は「些末な重要案件」には目もくれず、組織の存亡を決するような最重要課題にだけ集中する。敗北への恐怖ではなく、勝利への強い決意をもって臨む。絶体絶命になってからあわてふためくのではなく、目標を決めて日々着実に取り組む。

新しい競争相手がどこから現れるかわからない、新たな政治問題がいつ起きるかわからない、すべてを変えてしまうような新技術がいつ登場してもおかしくない――そんな先の見えない時代には、現状に満足して何も変えようとしないのも、偽の危機感に煽られて考えなしに行動するのも、どちらも危険である。しかもその危険性はますます高まっている。自己満足も偽の危機感も身の内に抱えた爆弾のようなもので、いずれ必ず爆発する。それだけではない。レーダーに感知されないという点で、二重に危険である。

その一方で、真の危機意識を組織に浸透させることの重要性はますます高まっている。最近行った調査でも、この点を確かめることができた。現状をよしとせず「このままでいいのか」と問い続ける姿勢は、現代の企業に欠かせないものである。危機意識を生み出し、維持し、弱まってきたら呼び覚ますということを、どんな組織も繰り返し実行しなければならない。本書は、そのための本である。

いつかではなく、いま

ほんとうの危機感を抱いている人は、重大な課題に「いつか」「都合のいいときに」取り組もうとは考えない。いま手を付け、いまから前進しようとする。重大な問題とは、ここでは成功や存続や勝利のカギを握るような課題を意味する。本物の危機感を持っていたら、「まずは会議を開こう」とはならない。「今日はこれとこれを達成しよう」となるはずだ。

現状に満足し切っている人はもちろんのこと、むやみに焦って大混乱に陥っている人も、ほんとうの危機感とは無縁である。自己満足に陥らず、また不安や怒りでわれを失うこともない人が変化を察知し、チャンスを見抜きリスクに気づく。そして、「このままではいけない」「いまやるのだ」と決意する。こうした意識があれば、視野を広くとって先を見るようになるし、目を外に向けてつねに注意を払い、油断なく情報を収集するようになるはずだ。だが自己満足に陥ったり偽の危機感に振り回されていると、どうしても視野が狭くなり、内向きになって、貴重なチャンスも重大なリスクも見落としてしまうことになる。

ほんとうの危機感を抱く人が、自社にとってまたとない機会や重大な脅威に気づいたら、そして他の人は気づかなかったら、どうするだろうか。そのときは、この情報を上司や同僚に伝え、共有しようとするだろう。「来月の会議のときに話せばいい」とはけっして思うまい。そして、今日からできることを始めようと考えるだろう。そのために大勢に呼びかけ、意見や助言を聞き、協力を仰いで効率よく賢くゴールをめざすだろう。彼らは機敏に行動し、物事を先送りにはしない。

危機感は人を前に進ませ、大事なことに集中させる。いま何が起きているか、いま何が重要かに注意を払うようになり、その結果、瑣末事にとらわれたり無用のプロジェクトを計画したりといったことがなくなるからだ。そして十分に情報を集め、状況を分析し、事態を正しく見きわめて、重要な課題に強い使命感を持って取り組むようになる。

そうは言っても危機感をずっと持ち続けるのは無理だ、燃え尽きてしまう、という声をよく聞く。たしかに、効率だの注意だの責任だのと言われるとそんな気がするかもしれないが、実際にはストレス過剰にはならない。大事なことに集中する代わり、組織にとって価値のないことはできるだけ切り詰め切り捨てるようになるからだ。無駄な会議でスケジュールが埋まり、必要なことに時間がとれないというありがちな現象も、なくなる。「いまやるのだ」と強く決心した人は、それ以外の余計なことに時間とエネルギーを無駄遣いしない。だからストレスも溜め込まずに済む。

誤解しないでほしいのだが、危機感というものは、目の前に危機があるから生まれるのではない。現状に安住することの危険性を認識し、「このままではいけない」と強く感じることから危機感は生まれる。こうした本物の危機感を持つ人は、地位や肩書きとは関係なくリーダーシップを発揮し、理性だけでなく感情に訴える戦略の下、四つの戦術を駆使して周囲の人を動かす。彼らがどんな行動をとるのか、このあとの章ではたくさんの実例から紹介しよう。

ほんとうの危機感を持っている人はなかなかおらず、一般に考えられている以上に「希少種」である。だが揺るぎない安定がもはや望めなくなった世界では、危機感を日々の友としなければいけない。自己満足ならどこにでもある。その理由の一つは、どんなに賢く経験豊富な人でもその存在を見落としやすいからだ。偽の危機感も、どこにでもある。不安や怒りに駆られた行動を、長期的展望に基づく建設的な行動と取り違えやすいからだ。これは、自己満足よりさらにたちが悪い。

加速する変化

いま私たちが生きている時代は、変化が加速している。すでに耳にタコができるほど言われたことではあるが、いくら強調してもまだ足りないと私は考えている。世界はつねに変化

column

自己満足・偽の危機感・本物の危機感

	自己満足	偽の危機感	本物の危機感
どういう性質か	意外に根強く浸透している、気づかないうちに進行する、見落としやすい	意外に根強く浸透している、気づかないうちに進行する、本物と取り違えやすい	なかなか芽生えない、変化の速い時代にはきわめて重要である
なぜ発生するのか	成功体験や疑似成功体験の記憶、過去の栄光	最近の失敗や敗北、ゆっくりした衰退	リーダーの存在（必ずしもトップでなくてよい）
彼らはどう考えているか	成功の方程式はわれわれがいちばんよく知っている	事態は混沌としており、将来の見通しが立たない	悲観する必要はないが、慢心してはいけない
彼らはどう感じているか	当面何も問題はない、このままでいい	大変だ、どうしよう、こんなことになったのは誰のせいだ	このままではいけない、いま行動しよう
彼らはどう行動するか	何も変えない、外の変化は無視する、内向きになる、従来の慣行に固執する	目先の対策を立てる、会議・報告・出張・プレゼンを次々にこなす、プロジェクトを立ち上げ、タスクフォースを発足させる、疲れ切る	将来展望を持って慎重かつ敏速に行動する、外に目を向け情報を集める、日々着実に取り組む、無用な行動を減らし重要課題に取り組む時間を捻出する

していると か、変化は必ずやってくるという認識は、たしかにその通りではあるけれども、まったくピントがずれている。注意してほしいのは、変化が「加速している」ということだ。いまも加速しているし、いまから五年先、一〇年先も、変化のペースは上がる一方だろう。その影響はほぼすべての人におよぶ。

たとえば新技術が登場したら、ハイテク産業だけでなく、古い産業や成熟産業もたちどころに巻き込まれる。グローバリゼーションは新たな市場を出現させ、新たな人材や工場や資材の需要がただちに生まれる。国際政治の混乱は、慎重に立てられた計画をもあっという間に覆す。そして合併や買収は、一夜にして巨大な競争相手を誕生させる……。こうした傾向は多くの統計で裏付けられているが、ここではその中から、私がよく引用する二つを紹介しよう。一つは特許申請である。アメリカの特許申請件数は、一九八六年に一三万二〇〇〇件だったのが、一〇年後の九六年には二一万一〇〇〇件に、さらに一〇年後の二〇〇六年には四五万二〇〇〇件に増えた。この数字から、増え方が大きいだけでなくペースが加速していることが読み取れる。もう一つは買収合併である。金額ベースでみたアメリカの買収合併は、八六年に一七三〇億ドルだったのが、九六年には四六九〇億ドルに、〇六年には一兆四八四〇億ドルになっている。ここにも、先ほどと同じ傾向が顕著に表れていることがおわかりいただけるだろう。

外の世界のこうした変化につねにアンテナを張り巡らせ、即応していくことが大切だ。危機感を持っていないと、変化に対する感度が鈍り、さして重要でない仕事にかまけるといったことになりやすい。あるいは変化の兆しが目に入ってきても、「そんなはずはない」とか「ウチには関係ない」と打ち消そうとする。外の変化は内の変化を要求するものだ。新しい戦略、新しいやり方、新しい製品、新しいサービス、新しい組織編成……。だが自己満足や偽の危機感が蔓延している組織では、どれ一つとして機敏に対応することができないし、スムーズかつスマートに進めることもできない。数年にわたる調査から、変革を必要とする企業の七〇%以上が、やる気がないか、着手はしたものの失敗に終わったと私はみている。やり遂げた場合でも、予算超過や計画に大幅な遅れを来したり、社内にしこりを残したりしている。七〇%がこのありさまでは、当の企業にとってはもちろん、経済にも社会にも国にも大きなマイナスとなることはまちがいない。投資家は損を被り、社員も顧客もその家族も影響を受ける。

この状態を放置してはいけない。私は困難な変革に成功した多くの企業を調査してきたが、そのほとんどで同じような手法が採用されていることを発見した。これを八段階のプロセスに整理し、三冊の本――『企業変革力』『ジョン・コッターの企業変革ノート』『カモメになったペンギン』で説明している。このプロセスにきちんと取り組めば、必ずよい結果につながるはずだ。プロセスの第一段階は、危機感を生み出し、維持することである。できるだけ多くの社員が強い危機感を持ち続けなければならない。

ほとんどの組織が、この第一段階で躓いているように思われる。もちろん、それ以外の失敗も多い。リーダーチームの人選を誤る、変革のビジョンが十分理解されない、コミュニケーションが不足している、根強い抵抗に対して有効な手を打たない、短期的な成果を上げられずに信頼やモチベーションが低下する、最後の詰めが甘い、継続的な変革を軌道に乗せられない、等々。だが私の調査によれば、最大の失敗要因は危機感の欠如である。何と言ってもこれは最初の一歩なのだ。その後の変革は、すべてここにかかっている。

column

すべては危機感から始まる

1・危機感を生み出す

相当数の社員がほんとうの意味の危機感を持つようにする。ほんとうの意味の危機感とは、停滞を避け、つねに危険に気を配り、新しい機会を探し求める姿勢を指す。

2・リーダーチームをつくる

大規模な変革を主導する力を持った意志の強いメンバーを選び、チームを編成する。

3・ビジョンを掲げ戦略を立てる

組織全体の将来を描く魅力的なビジョンを練り上げ、それを実現するための戦略を立てる。

4・ビジョンと戦略を全員に徹底する

ビジョンと戦略を全員に伝え、理解させ、巻き込む。組織の隅々まで危機感を浸透させる。

5・現場に任せる

障害を取り除き、変革を実行できる環境を整える。そのあとは現場に任せ、自発的な取り組みを促す。

6・早い時期に成果を出す

とりあえず目に見える結果を出して、士気を高め、反対派を黙らせる。

7・手を緩めない

最初の成果が出ても気を緩めず、自己満足に陥らないよう手綱を引き締める。

ビジョンが実現するまで、たゆみなく変革の努力を続ける。

8・変革を根付かせる

変革を実行しやすい組織構造やシステムを定着させ、つねに危機意識を持ち変革を恐れない文化を根付かせる。

いつでも、どんな組織でも

ほんとうの意味の危機感がなかなか生まれないのは、それが自然の状態ではないからである。危機感は放っておいて生まれるものではなく生み出すものであり、火を燃やし続けるためには、いつも気をつけていて必要に応じて薪を足さなければいけない。長い歴史と伝統を持つ組織では、「このままではいけない」という意識よりも「このままでいい」という意識が強くなりがちだ。いや、現に重大な問題を抱えている組織ですら、従来通りのやり方がまかり通っている。あるいは偽の危機感を本物と取り違え、さして効果の上がらない策が矢継ぎ早に講じられている。過去に変革を立派にやり遂げた企業、五年ごとに大規模な変革イニシアチブに取り組んでいる企業も、油断はできない。成功の後は危機感が薄れやすく、連続的な変化に対応できなくなるおそれがあるからだ。現代では変化が単発ではなく連続性を帯びるようになってきているので、この点はとりわけ重要である。要するに危機意識はときおり高まればよいというものではなく、つねに維持され、組織全体に浸透していなければならない。

危機感は、たとえばハイテク企業のような特定の業種にだけ求められるのではない。どんな企業も、政府も、また勝者も敗者も、満足してしまったらそこで終わりである。対照的に、自己満足を警戒し危機意識を持ち続ける組織は、継続して望ましい結果を出すことができる。

私は過去三五年間にわたってリーダーシップについて研究し、困難な局面で組織を一丸にしパフォーマンスを高められるのはどんな人材か、追究してきた。本書の基礎となっているのも、この研究である。以下の章では危機感について、また自己満足と偽の危機感について多くの事例を紹介し、真の危機感を生み出すための戦略と四つの戦術を説明する。ごく当たり前と思われる戦術も、奇想天外でまさかと思うような戦術もあるが、実際に使われて効果のあったものばかりである。これらを上手に使ってすぐれた業績を上げ続けているエグゼクティブやマネジャーを、私は何人も知っている。彼らの成果は組織にも投資家にも、ひいては経済や社会にも利益をもたらし、本人のキャリアをも輝かしいものにする。

変化の速い世界で待ち受けるのは、ありがたいことに難題ばかりではない。これまでにはなかったまったく新しいチャンスも、そこにはある。これこそが、変化というものの本質なのだ。チャンスをモノにするためには、もちろんスキルもリソースも必要である。だが何よりもまず必要なのは、高い危機意識だ。成功に慢心せず、停滞を恐れ、「このままではいけない」と大勢の人が感じること。それができれば、いいスタートを切ることができる。そしていいスタートを切れれば、いい結果は遠くない。それは、世界にとっても望ましいことだ。

第二章

自己満足と偽の危機感

ほんとうの危機感を理解するためには、
その反対概念を知っておくとよい。
自己満足と偽の危機感が、それである。

■自己満足とは

自己満足を辞書で調べると、「自分に対する満足感。とくに、その危険性や悪影響に気づいていない状態を指して言う」とある。ここで注目したいのは、まず「満足感」という言葉。つまり自己満足というのは、客観的に評価した結果として満足すべき状態なのではなくて、「われながらよくやった」という感情なのである。合理的な分析に基づく意識的な判断ではないから、こうした感情を抱いていることは意識されにくい。この点は非常に重要である。と言うのも、自己満足というのは意識の問題として扱われることが多く、冷徹な事実を突きつけられたらたちどころに消え失せる、と考えられているからだ。もう一つ注目したいのは、「自分に対する」という言葉である。当たり前のことだが、自己満足とは、文字通り自分自身の行動や結果に対する満足である。つまり自分自身には満足し切っているので、何か問題が起きても「原因は他にある」と考えやすい。

辞書の定義にもあるように、自己満足している人は、必ずと言っていいほどそのことに気づいていない。自分の行動は確かな根拠に基づいていると信じ切っており、ときにはそれを証明することに大いに才能を発揮する。たとえば「脅威が迫っている」と言われると、バイアスのかかったデータを引っ張り出してきて「何も心配するにはおよばない」と主張する。彼らは一見すると合理的で思慮深いので、なかなか自己満足人間には見えない。もっと悪いことに、本人たちも自分は合理的で思慮深いと思っている。

この手の人間に「君はジコマンだ」などと言おうものなら大変である。「それは勘違いだ」と主張してまず譲らない。そして激しく反撃したり、「何か隠れた意図があるのではないか」と邪推したりする。相手の意見がどうみても正しいとわかったときでも、「たしかにそうかもしれない。だがいちばん問題なのは、私ではなく誰それだ」と言い出す。彼らにとって、悪いのはいつだって自分ではなく他人なのだ。「誰それがこうすれば万事解決する」というのが自己満足人間の決まり文句である。

きわめて有能で聡明な人でも、変革を前にすると意外にも腰砕けになり、現状維持に宗旨替えすることがある。その原因はさまざまだが、いちばん多くかつ根強いのは、いわゆる「過去の栄光」である。過去に大きな成功を収めると、外から競争を挑まれ攻撃を仕掛けられてもびくともしないと思いがちだ。そうなると自ずから目は内に向き、組織や伝統の維持が至上命令になる。競争心も内向きになって、社内の出世争いや縄張り争いが激しくなる。その結果、外の変化を見逃す、気づくのが遅れる、といったことになりやすい。自己満足が強まると現実から目を逸らすようになるので、ますます自己満足が膨らむという悪循環に陥る。

column

自己満足

警告——自己満足はどんな組織にもある

自己満足はなぜ生まれるのか

成功体験または疑似成功体験から生まれることがほとんどである。過去の偉大な栄光が消え去ってからも、自己満足はしぶとく生き延び、現状肯定につながる。人間はいつも合理的に考えるとは限らない。

自己満足すると、どう考えるようになるか

自分が自己満足に陥っているとはまず考えない。「やるべきことは自分がいちばんよく知っている」「やるべきことはわかっているが、しかし容易ではない」「自分はやるべきことをやっているが、うまくいかないのは他に（上司に、他部門に、競合に）問題があるせいだ」と考える。

自己満足すると、どう感じるようになるか

「このままでいいのだ」と現状に満足する。その結果として変化そのものを恐れ、それによって自分が被る影響を故なく恐れるようになる。こうして現状に執着し変化に抵抗するようになる。

自己満足すると、どう行動するようになるか

自己満足は、言葉ではなく行動にはっきり表れる。自己満足した人は「このままでいい」と思っているので、外からの脅威を見逃すし、新たな機会を探そうとしない。関心の対象が内向きになり、変化のスピードに鈍感になる。何かを新しく始めたり先頭に立って行動することは滅多にない。過去にうまくいったことをいつまでも続けようとする。

自己満足に陥りやすいのはどんな人か

トップから現場まで、あなたも、私も、誰でも。

■偽の危機感とは

偽の危機感も自己満足と同じく、本物の危機感と対極をなすものだが、その表れ方は自己満足とはだいぶ違う。自己満足に陥った人は「このままでいい」ので何もしようとしないが、偽の危機感に突き動かされた人は「何かしなければ」とやみくもに行動に走る。自己満足した人は半分眠っているが、偽の危機感を抱く人は大いに活動する。前者はぬくぬくと現状に甘んじ、後者は不安や怒りに駆られる。

激情に駆られると人は理性的な判断ができなくなり、考えなしにあわただしく行動する。だから、これを本物の危機感に基づく行動と取り違えるのも無理からぬことと言えよう。だが不安や怒りに根ざした行動からは、まずもってよい結果は生まれない。それどころか、破滅的な結果につながることさえある。

たとえば業績が悪化したのは、上司あるいは他部門あるいは組合のせいだと考えて怒っているとしよう。そんなとき人は攻撃的になり、相手を陥れる行動に走りやすい。だが、こうしたことは組織にとって何の利益にもならない。他部門のよい提案を撃ちおとすために何時間もかけてプレゼンの準備をしたり、協調的な組合に攻撃をしかけようと作戦会議を重ねたり、交渉の場で相手の発言を邪魔したり、サボタージュ戦法でプロジェクトの進行を遅らせたりするのは、単に時間とエネルギーの無駄である。それだけではない。大事な問題がおろそかになりやすい。

変革の提案や新しい試みに対する怒りは、多くの場合、過去に変革に取り組んで失敗したことが原因になっている。そのことに挫折感を味わいひそかに劣等感を抱いているエグゼクティブやマネジャーは、新たな問題を指摘されると頭に血が上ってしまう。また現在問題に直面しているときも、怒りの感情が起きやすい。誰しも自分の失敗だとは考えたくないので、誰か他人のせいだと考えて怒るわけである。

不安は怒りとはまったく違う感情だが、結局は怒りと同じような結果をもたらす。不安に駆られた社員が最終的に心配するのは、我が身のことである。クビにならないか、自分の部署は安泰か、心配する。こうして自分の回りのごく狭い範囲のことで頭がいっぱいになると、安全な場所を探して逃げ込もうと躍起になる。これでは変革どころではない。

不安の原因はさまざまだが、やはり怒りと同じく過去の失敗体験に根ざしていることが多い。組織の目標のために犠牲を求められ、犠牲を払ったにもかかわらず何も改善されなかった場合、社員は神経質になり、将来に不安を抱くようになる。新しい試みに対してはまず自分の身を守ることが先決だと考え、時間の無駄は承知でそれを声高に要求する。でなければ、さっさと逃げ出してしまう。

自己満足に陥った人がそのことに気づいていないように、偽の危機感に翻弄されている人も、それに気づいていない。人間というものは、自分の感情を隠す、それも他人の目からだけでなく自分自身からも隠すことに驚くほど長けている。不安と怒りも例外ではない。

column

偽の危機感

警告——偽の危機感はどんな組織にもある

偽の危機感はなぜ生まれるのか

失敗体験または、現実の危機の重圧から生まれることがほとんどである。

偽の危機感を抱くと、どう考えるようになるか

混乱し、思考停止に陥る。過度に悲観的になり万事が悪い方向に進んでいると考えたり、経営陣や上司がいたずらに危機感を煽っていると考えたりする。

偽の危機感を抱くと、どう感じるようになるか

不安（自分はこの先どうなるのだろう）や怒り（こうなったのは誰のせいだ）を感じ、焦って行動する結果、疲労感や徒労感を覚える。

偽の危機感を抱くと、どう行動するようになるか

思いつくままに次々に行動に移す。一見すると精力的に行動しているため、ほんとうの危機感に基づく行動と取り違えやすい。しかし偽の危機感に駆られた行動は、「行動のための行動」であって、よい結果に結びつかないことがきわめて多い。熱に浮かされたような性急な行動で、理性的な判断に基づいていない。あわただしく走り回り、会議に次ぐ会議で疲れ切る。組織にとって重大な脅威や有望な機会にフォーカスするのではなく、他人を攻撃したり保身に走ったりする。

偽の危機感を抱きやすいのはどんな人か

トップから現場まで、あなたも、私も、誰でも。

■危険な徴候を探せ

感情は目には見えないが、ありがたいことに行動は見える。どんな行動が要注意なのかを知っていれば、危機感の欠如を発見できるはずだ。危険な徴候は、いつでもどこにでもある。

ここでは、データ・ウェアハウスに特化したあるハイテク企業の例で説明しよう。この企業は過去に大成功を収めて業界トップクラスにのし上がったが、徐々にシェアを奪われ利益率も下がってきている。新技術の開発ではライバルに後れをとってしまった。とくにナノテクの応用で他社の後塵を拝している。

危険な徴候1——経営委員会では「できるだけ早くシェアの縮小を食い止め、今後の路線を明確にすべきだ」と発言する人は一人もおらず、「コンサルティング会社に依頼してはどうか」との提案がなされた。一カ月後にコンサルティング会社から報告書が提出され、それを吟味したうえで、今度は事業分析と新戦略のドラフト作成を依頼する。コンサルティング会社からそれが届いたのは九カ月後だった。

危険な徴候2――コンサルティング会社の試案を検討したCEOは、慎重に時間をかけて一五名を選び、新戦略の浸透と実行の任に当たるタスクフォースを発足させる。経営委員会の中からタスクフォースに加わるのは二名のみ。CEOは入っていない。

危険な徴候3――タスクフォースのメンバーの都合がなかなか合わず、最初のミーティングが開かれたのは四週間後だった。

危険な徴候4――最初のミーティングの議題は「新戦略をどのように実行するか」だったが、「新戦略の意図は何か」「そもそもこの戦略は適切なのか」という話題に脱線しがちだった。「これでは堂々巡りだ。こんなことをしている時間はない」と言い出すメンバーはいなかった。「コンサルティング会社の報告書は一〇〇ページもあって、自分はこれを十分理解していない。誰か内容をかいつまんで説明してほしい」という発言もなかった。その代わり、「自分はどういう経緯で、誰の人脈で選ばれたのか」「次期CEO候補と目されるライバル二人がメンバーなのはどういうわけだろう」といった話題がひそひそ囁かれた。メンバーのうち四人は、会社のやり方はのろすぎると感じていた。コンサルティング会社に依頼したのはまちがいだし、経営委員会から二人しか加わらないのもまちがいだ。それでも彼らは言っても無駄だと感じ、何も言わなかった。残り一一人はとくに急ぐ必要はないと思っていたし、何をすべきかについて明確なイメージも持っていなかった。そこで彼らも何もしなかった。

危険な徴候5――最初のミーティングでは何も決まらず、次にまた集まることだけが決定された。またもやスケジュールのすりあわせは困難を極め、すったもんだの末に四週間後と決まる。だがメンバーのうち二人は、先約があるので黙って欠席するつもりだった。

危険な徴候6――次のミーティングまでの間、社内は「誰がタスクフォースに選ばれたのか、それはなぜか」とか「どうしてあのコンサルティング会社に依頼したのか」といった噂話で持ちきりだった。一部では、会社が下り坂になったのは誰の責任か、犯人捜しも行われていたらしい。だが、みな業績不振に対して愚痴をこぼすだけで、何も対策はとられなかった。

危険な徴候7――二回目のミーティングでは、「新戦略の周知徹底」を担当するサブ・タスクフォースを設けることが決まる。そして、サブ・タスクフォースのメンバー選びに議論の大半が費やされた。一人が明らかに怒った様子で「だがいったい何を周知徹底するんだ」

と言い出したが、もう時間切れで、この点の確認はなされなかった。

危険な徴候8――二回目のミーティングから半年たったが、利益率もシェアも下がり続けている。技術開発に関してはいくらか前進が見られたものの、現状を変えるほどではない。しかもこれは、タスクフォースの貢献によるものとは言えなかった。苛立ったCEOは、タスクフォースにもっとひんぱんにミーティングを開くよう要求。その一方で、別のコンサルティング会社にアドバイスを求める。そして事態の経過を取締役会に説明するため、資料作りに時間と労力を注ぎ込んだ。CEOが不機嫌になったとわかると、あちらでもこちらでもタスクフォースが編成され、プロジェクトが立ち上げられ、さかんに会議が行われるようになる。資料が配られ、報告書が提出される。経営委員会に呼ばれた営業担当副社長は、六〇枚ものスライドを使ってデータを豊富に盛り込んだプレゼンテーションを行い、こうなったのはすべて製品開発部門のせいだと巧みに強調した。この副社長は顧客の不満を理解しようとはつゆ考えていないし、よりよい製品づくりに協力して競争を勝ち抜こうとも思っていないのだった。

この会社の問題は、自己満足と偽の危機感が充満し、真の危機感が欠如していたことにすべて原因がある。そもそも経営委員会がほんとうの危機感を抱いていたら、戦略上の重要な問題に自ら取り組んでいたはずだ。大事な問題をコンサルティング会社任せにして九カ月ものんきに待っているなど、論外である。また、コンサルティング会社の報告をタスクフォースに丸投げにすることもなかったはずだ。しかも一五名のタスクフォースのうち、経営委員会のメンバーはたった二名しかいない。

さらに、タスクフォースの中にほんとうの危機感を抱くメンバーがたくさんいれば、スケジュール調整が難航することもなかっただろう。こちらを優先し、先約をキャンセルしてでも集まったはずだ。その結果として他の社員と摩擦を起こすことになったとしても、である。

そして強い危機感を抱くメンバーは一回目のミーティングで主導権をとり、厳しい姿勢で現状を分析しただろう。他のメンバーは迫力に押されて耳を傾け、納得したにちがいない。

「いまの状況は受け入れがたい。一年以上も前からシェアは減り続けている。製品開発と流通販売の両方を見直さなければならない。これ以上足踏みしていることは許されない。会社の存続は危うい。このまま負けていいのか。市場を激変させている外部要因は競合各社にも作用しているのだから、先手を打てば優位に立てるはずだ。だがそのためには、いま始めなければならない」

危機意識が十分に高ければ、第一回ミーティングの前にも連絡を取り合ってチームの編成について話し合い、経営委員会からもっと人を出すようＣＥＯに直訴するなどの措置を講じたかもしれない。彼らは問題点を事前に把握し解決策を考えてミーティングに臨んだだろうし、いざ実行するとなったら、正面から抵抗され背後から邪魔立てされても、決然と前へ進んだにちがいない。

社内に危機感が充満していたら、部門同士で責任のなすり合いをするなどということはけっして起きなかったはずだ。さして目的のはっきりしないタスクフォースを一〇も二〇も立ち上げたりはしなかっただろうし、会議や報告書で社員を悩ますこともなかっただろう。経営委員会が決めたにせよ、コンサルタントにアドバイスされたにせよ、業績低下に歯止めをかけ未来につながる戦略が、すみやかに実行に移されたにちがいない。ただし言うまでもなく、社員には日々の仕事がある。既存の製品をつくり、売り、帳簿を付けるといったことは継続しなければならない。となれば、自ずと無駄を省き、通常業務と並行して新戦略を実行する体制が整っていっただろう。

column

自己満足と偽の危機感を突き止めるチェックリスト

- 重要な事柄をコンサルティング会社に丸投げしたり、経営陣がほとんど関与しないタスクフォースに任せたりしていないか？
- 重要な取り組みを始めようというときに、関係者のスケジュール調整がつかないということはないか？
- 社内の裏工作やお役所的な事務手続きで重要なイニシアチブが滞っているのに、そのまま放置されていないか？
- 重大な問題に関する会議で、何も決まらず先送りにされることはないか？
- 議論が社内の人事など内向きなことに終始し、市場・技術・競争などが話題に上らないということはないか？
- 会議のたびに、プレゼンテーションの準備に膨大な時間が費やされていないか？
- 会議に次ぐ会議で時間をとられ、大事なことがおろそかになったりチャンスを逃したりしていないか？

- 脅威や機会の存在を示すデータに対し、偏った事実や断片的な事実に基づく反論が展開され、最終的にそちらが優勢になることはないか？
- 何か問題が起きると部門間で責任のなすり合いが起きていないか？
- サボタージュ戦法で重要なイニシアチブが邪魔されることはないか？
- 過去の失敗から学ぶのではなく、過去の失敗を楯にとって新たな試みが阻害されることはないか？
- 重要なイニシアチブがかけ声倒れに終わるということはないか？
- 真剣な議論の最中に、皮肉なジョークやしらけた発言が飛び出すことはないか？
- 重要なイニシアチブの一環として割り当てられた仕事が、中途半端に終わったり形だけになったりしていないか？

だがこの会社ではそうはならなかった。業績は悪化し、雇用の維持もむずかしくなった。約束されていた高性能のデータ・ウェアハウスはいつまでたっても供給されず、顧客は困惑し、株価が下がって投資家は大損した。ハッピーな人は誰もいない。とりあえず得をしたの

は、この会社のライバル企業だけである。

この会社は長い間確固たる地位を誇ってきた。すぐれたブランドと規模の経済、そして優秀な人材が同社の武器だったが、その成功そのものが問題の芽をはらんでいたのだった。注意していれば起こさずに済んだ問題は、やがてじわじわと効いてくる。株主にとっても社員にとっても、また同社のデータ・ウェアハウスを導入して長いつきあいをすることになった顧客企業にとっても、不幸な成り行きだった。危険な徴候は早くからあったのだから、気づくべきだった。だが気づかなかった。どれほど成功し高業績を上げていても、現状に安住せず「このままではいけない」とつねに考えるべきだということを、すっかり忘れてしまったからである。だから自己満足が芽生えたのに気づかなかったし、そもそもその徴候を探そうともしなかった。満足し慢心した部下の姿に気づくマネジャーも中にはいたが、どう手を打てばいいのかわからなかった。やがて業績にかげりが出てくると、今度はあわてふためいて走り回るようになる。しかしこれは、ほんとうの危機感に根ざした行動ではない。この会社が犯した過ちは、どれもこれも防げたはずだし、食い止められたはずだ。変化が加速する二一世紀では、自己満足や偽の危機感を放置しないことが、かつてなく重要になっている。

眠っている人をたたき起こす

先ほど過ちは、どれもこれも防げたし食い止められたはずだと書いた。しかも幸いなことに、それは誰にでもできる。「経営の神様」級の手腕などは必要ない。

ここで紹介するのは、先ほどの会社よりいくらか小さめのIT企業である。二七歳のキャロライン・オルテガは、この会社に転職してきてほどなく、経営陣も社員もひどく泰然自若としていて、悪く言えば覇気がないことに気づいた。「さしあたり何も問題はないし、いまのままやっていけば、まあいいんじゃない」という人が多い。現場でも横柄な態度ややる気のなさが目に付くし、何かと言えば社長が悪いとかどこそこの部門のせいだとか言うのが聞き苦しい。上層部には改革のためのタスクフォースも設けられているようなのだが、あまり成果が上がっているようには見えなかったし、彼らが何をしているのか誰も知らなかった。

「こんな調子でいいのかしら」とキャロラインは考える。そして周りの連中からいろいろ話を聞き出した結果、この会社では最高総務責任者（CAO）がいちばん話しやすいという情報を手に入れる。CAOは人事・法務・施設管理などを担当しており、肩書きを気にしないざっくばらんな性格だという。それに、CEOとも親しいようだった。キャロラインはC

AOに面会を申し込み、何の面倒もなくアポイントメントを取り付けることができた。三〇分の予定だったが、CAOがキャロラインの話に非常な興味を示したため、結局ミーティングは一時間も長引いた。

続く三週間、CAOはキャロラインのような現場に近いジュニア・マネジャーたちを次々にランチに誘い、精力的に話を聞いた。また敷地内の別棟にある部門も足繁く訪れ、生え抜きのミドル・マネジャーからも話を聞く。新製品のマーケティング、システム関連の開発計画、北米工場での品質改善プログラムなどに関する最新の報告書も取り寄せて読んだ。最新技術が絡むため読むのは容易ではなかったが、なんとか読破。そしてヨーロッパ出張を取りやめると、CEOと食事をしながら長時間話し込んだ。

翌月に入ると、今度はCEOが多忙なスケジュールを調整し、必要と判断したミーティングや工場視察を無理矢理予定に入れる。ふだんはCEOまで上がってこないような報告書や資料も詳細に検討した。ウチは後れをとっている、社内には自己満足が蔓延している……愕然としたCEOは、そこで初めて、社内誌には「明るい未来」や「笑顔あふれる職場」や「お客様の喜びの声」ばかりが載っていることに気づく。業界を取り巻く変化や重要な課題などには一切触れられていない。なんとかしなければ、と強く決意したCEOは、まずは改革担当のタスクフォースの仕事ぶりをチェックして人員構成を手直しし、経営会議の議題も大幅に変更。さらに経営委員会のメンバーとも話す。そうしていくうちに遅まきながら、そのうちの一人が頑固な現状維持派で従来のやり方にこだわり、改革論議をことごとく阻止してきたことがわかった。そこでCEOは異例のスピードと断固たる態度で臨み、くだんの上席副社長を早期退職に追い込んだ。

もちろん同社の変革はまだまだ続く長い話なのだが、かいつまんで言えばこういうことである。CAOとCEOが抱いた危機感は急速に社内に浸透し、その後二年間で製品の設計・製造・販売・サービスは劇的に変わった。とりわけサービス改善の効果はめざましかった。その結果、利益率が大幅に上昇したほか、技術面の遅れも取り戻し、一部のアナリストが予想していたような株価の急落も免れる。しかも、この間の人員整理は最小限に抑えることができた。

痛みを伴う変革を実行した点で、社員や経営陣全員、とりわけCAOとCEOは称賛に値する。だがすべては若いキャロラインのリーダーシップから始まったのだ。CEOは最後まで知らなかったかもしれないが、同社の変身に最も貢献したのは、疑いもなくジュニア・マネジャーの彼女だった。

このように、ほんとうの危機感はたった一人の人間から始まることが多い。それはCEOであってもいいし、キャロラインであってもいい。「このままではいけない」と考え、行動に移す人なら、誰でもいいのだ。そういう人が多ければ多いほど、変革は成功する。

第三章

危機意識を高める基本戦略と四つの戦術

このところますます人気の出てきたマネジメント・ツールに「ビジネス・ケース」がある。ビジネス・ケースとは、定量的なデータに基づいて問題を分析し、その重要度を見きわめ、どのような対策を講じるべきか、また対策を実行した場合にどのような効果が予想できるか、さまざまな角度から客観的に示すものである。ビジネス・ケースを作成すれば、少なくとも間接的には「現状が満足すべき状態ではない」ことが示されるので、自己満足を減らす効果が期待できる。列挙されたデータを見るだけでも、改善の余地が大いにあることに気づかされるはずだ。また、やるべきことの優先順位が明確に示されるので、偽の危機感を抑え重要課題にフォーカスさせる効果も期待できる。このほか、危機意識を高める戦略の立案にビジネス・ケースを活用することも、可能である。

だがいずれにせよ、ビジネス・ケースを使うときにはよくよく注意しなければならない。と言うのも、緻密な調査の末に練り上げられたにもかかわらず、大失敗に終わるビジネス・ケースが珍しくないからだ。

ビジネス・ケースはなぜ失敗するのか

ここでは、ある企業の新任ＩＴ責任者を例にとって説明しよう。このＩＴ責任者は、能力を買われて抜擢された優秀な人材である。彼は、会社のＩＴシステムが時代遅れで大々的なオーバーホールが必要だと感じていた。最新のシステムに切り替えれば、販売管理にも、生産管理にも、財務管理にも、もっとよいソフトウェアを導入することができる。サービスの迅速化にもつながるし、社員のｅラーニング体制を整備することも可能だ。また、効果的なファイアーウォールを構築してセキュリティを強化することもできる。このＩＴ責任者の目から見れば、現行システムがおそまつであることは明白だった。二、三年以内には業務の足を引っ張る事態になることはまちがいない……。

しかし経営陣にはそれがわかっていないから、予算を付けてほしいと言っても、うんとは言わないだろう（システムのオーバーホールには途方もない予算が必要だ）。それにシステム変更には混乱がつきものなので、新たな頭痛のタネを抱えるのもいやがるにちがいない。そう察して思い悩んでいた彼は、ＣＥＯからシステム変更に関するビジネス・ケースを作成して経営委員会に提出するようにと言われたとき、願ってもない成り行きだと小躍りする。早速ＩＴチームはコンサルティング会社の助けも借りて膨大なデータを集め、現行のシステムとハードウェアには重大な不都合があることを明らかにしたうえで、システム変更の実行方法を何通りか考案。それぞれについて、周到なデータに基づき詳細に費用便益を計算した。さらに社内の反対派を想定して、なぜ高価な新しいシステムが必要なのかを説明する資料も作成し、混乱を最小限に抑えて新システムに切り替えることが可能だと説得する資料も用意した。

それやこれやで、最終的に提出された報告書は一五〇ページにおよぶ膨大なものとなる。あらゆる問題点が入念に吟味されており、ただの一つの漏れもない。同規模の同業他社のシステムとの比較検討だけでなく、他業界のベストプラクティスとの比較も行われている。既存システムの変更に伴う売上げや利益への影響も、可能な限り数値で示された。もちろん、変更を一切しない場合や遅れた場合の影響についても抜かりはない。そして推奨する変更案については、購入するハードウェア、ソフトウェア、ベンダー、コストがくわしく検討され、予想される投資リターンが裏付けデータとともに数字で示されたほか、計画実行についてもおおまかな手順と簡単なスケジュールが作成され、切り替えに伴う混乱をどのように防止するかについての説明もある。

経営委員会は何度も会議を開き、この立派な報告書を三カ月にわたって検討した。あまりに網羅的な資料なので、出された質問のほとんどに対して「六二ページをお読みいただくと、その点についての説明がございます」とか「その点に関しましては、添付資料のここに書かれてありますす通り……」と答えることができたほどである。三カ月が過ぎる頃には、小幅の修正が行われただけでほぼ原案通りのシステム変更にコンセンサスが得られ、ＣＥＯはゴーサインを出した。

そこで社内の各事業部で、シニア・マネジャーを対象にIT責任者から懇切丁寧な説明と質疑応答が行われた。切り替えに伴う混乱を懸念する声が多く上がったものの、ほとんどのシニア・マネジャーが、変更はやむなしと渋々ながら同意する。いよいよ実際の作業が始められることになった。

一年後、作業の途中でトラブルが発生する。これはITシステムの大幅変更にはまず避けられない種類のものであったし、当初の資料でも十分に予想され説明もされていたものだった。にもかかわらず社内から非難の声が噴出し、どの事業部も重い腰がさらに重くなってしまう。まさに必要なときに協力が得られなくなったため、プロジェクトは遅れに遅れ、その結果としてますます予算を喰うようになった。そうなると、不満の声は一段と高まる。苛立ったIT責任者は、ウチが準備したビジネス・ケースはまちがっていない、やり方がまずいだけだと事あるごとに主張する。彼に味方する人はさらに減っていった。

最終的に、プロジェクトは一年遅れで完了した。コストは当初予算より四〇%増。システムの能力は当初計画の七〇%程度にとどまっている。失意のIT責任者は他社に移った。

この例について、私はこの企業の業種、規模、国籍など詳細を一切明らかにしていない。なぜなら、これはどの国のどんな企業にも、またどんな国の政府にも当てはまると考えたからだ。この例から得られる教訓は、あらゆる組織にも通じるだろう。

このシステム変更プロジェクトで、最初にビジネス・ケースが重要な役割を果たしたことはまちがいない。大半の人はITシステムについてくわしい知識を持っていないから、いまのままのシステムだとどんな問題が起きるか、新しいシステムにすればどんなことができるか、知らなかった。自分の職場で稼働しているシステムであっても、使い方は知っていても仕組みとなるとわかっていない人がほとんどである。カネがありあまって使い道に困るという会社は滅多にないから、なんだかよくわからないITシステムに多額の予算を割り当ててやろうと考える人はなかなかいない。だから、数値で客観的に裏付けられ周到に準備されたビジネス・ケースは、大きな意味を持つ。全員を即座に納得させるとまではいかなくても、「ここまで数字を挙げられたらやらざるを得まい」という方向に持っていくことはできるからだ。IT部門には、推奨案の細部に首をかしげる若手もいたが、代案を出せるほどの能力はなかった。また、各事業部にはプロジェクトの規模に恐れをなしたマネジャーも少なくなかったが、かといって対案を出すだけの専門知識も暇もない。最終的に「この案で行くしかない」というコンセンサスがまがりなりにもできあがったのは、ビジネス・ケースのおかげと言えよう。

問題は、これがすべて頭に訴えるものだったことである。誰もが計画を読み数字を見て、頭で理解し頭で納得した。なるほど、主張は論理的だ。投資リターン分析は精密だ。作業中に予想されるトラブルについてもきちんと書いてあるし、防止策も用意されている。コストは膨大だしトラブルは好ましくはないが、やらない場合や他の案を採用した場合に比べれば、推奨された案を選ぶ方がよかろう。その場合の経済的便益や戦略的優位性についての説明も十分な論拠に基づいている。よろしい。では賛成しよう……。

そう、問題は、ビジネス・ケースがいい加減で、データや論理性を欠いていたということではない。頭に訴えるだけで、心に訴えるものではなかったことが、最大の問題だった。

心を動かせ

変化の速い時代に組織を存続させるのはむずかしく、成功させるのはもっとむずかしい。そのための行動を促すには、論理だけではうまくゆかない。「現状はこうである、将来的にはこれこれの機会（または脅威）がある、すぐに行動しないと後れをとる、したがっていますぐ取り組むべきだ」といった理屈で攻めるだけでなく、感情に訴えることが必要だ。そうでないと、「よし、やろう」という気持ちにはなかなかなってもらえない。たとえば大勢の人を動かすことを考えてみよう。このままでは危ない。私についてきてほしい。君たちには絶対にできる――こうした呼びかけが効果を発揮するのは、結局は頭よりも心に訴えかけるときだ。『ジョン・コッターの企業変革ノート』の調査を通じて、私はそう確信するようになった。要は「頭よりハート」である。だが大学の授業でも企業の現場でも、そうは考えられていないようだ。

「偉大な指導者は、人々の心と頭を味方につける」とよく言われる。ここで、「頭を味方につける」だけではない点に注意してほしい。それに「頭と心を味方につける」でもない。心が先、頭はあとなのだ。

自己満足も、恐れや不安も、論理的に考えた末に生まれるのではなくて、つまりは感情である。いや本物の危機感にしても、心で感じる部分が大きい。もちろん、頭が何の役割も果たさないわけではない。「いまのところ、とてもうまくいっている」と判断すれば自己満足に陥りやすいし、「まずいことになった」と判断すれば焦って偽の危機感にとらわれることになるだろう。反対に、長期的な視点に立って現状を分析すれば、ほんとうの危機感を抱くことになる。だがそうした論理的思考から行動へと人を突き動かすのは、やはり感情なのである。

歴史を振り返れば、それを裏付ける例は枚挙にいとまがない。たとえばマーティン・ルーサー・キング牧師は、一九六三年のワシントン大行進で公民権運動の戦略を発表するに当たり、黒人の間にたぎる怒りを鎮めようとはしなかったし、白人の間にはびこる自己満足や不安をなくそうともしなかった。理性に訴えるのは簡単であり、実際にも当時多くの人がそうしている。黒人に対する不当な扱いは公正を重んじるアメリカの伝統に反する、そうした矛盾は国家として重大な問題である、黒人の才能を活用しないのは国家の利益を損なう、黒人と白人の感情的対立は貴重な資源の無駄遣いであるうえ多くの人を傷つける、黒人に対する白人の振る舞いは非キリスト教的であり、キリスト教そのものを貶め、キリスト教的価値観に与する社会に害悪を流す行為である、等々。"I have a dream."のフレーズで名高いキング牧師のあの演説は、これらの点に簡単に触れてはいるが、その大半は理屈抜きの感情に訴えている。詩のように美しいリフレインや、正義感と道徳観に訴える情熱的な言葉でもって人々の心を動かし、黒人の怒りを行動に変え、白人の傲慢や不安をほんとうの危機感に変えた。集会に参加しなかった人々も、その日テレビで、あるいはラジオで演説を聴き、「このままではいけない」と強く感じる。そして行動が起こされ、翌年には公民権法が制定された。

誤解しないでほしいが、論理はどうでもいいと言うつもりはない。頭に働きかける要素と心に訴えかける要素とを上手にミックスすることが大切なのである。分析と論理に基づいて目標を設定したとしよう。それを大勢の人が頭で理解するだけでなく、「よーし、やるぞ」と熱いハートで挑んでくれたら、その目標はきっと達成されるにちがいない。

心を動かし行動を促す呼びかけには、次の五つの特徴がある。

第一に、訴えかける方法に細心の注意が払われている。人の心を動かすには、もちろん肝心の中身が大切だし、資料やデータもモノを言う。だがそれだけでなく、多くの要素の的確な選択が重要な役割を果たす。たとえばビジネス・ケースなら、どんなふうに作成されているのか――短いのか、長いのか。イラスト入りか、図表付きか、グラフはカラーかモノクロか。また、どんな形で提供されるのか――紙の報告書か、電子データか。プレゼンテーションか、グループ・ディスカッション方式か。対象は誰か――経営陣か、社員全員か。いつ発表するのか――朝の七時か、夜の七時か。発表者は誰か――CEOか、タスクフォースのリーダーか。どんな場で発表するのか――定例の経営委員会か、社員食堂で毎週開かれるランチ・ミーティングか。発表者のパフォーマンスはどうか――笑顔なのか、こわばっているのか、冷静か、情熱的か。これらの組み合わせが、感動体験を少なからず左右する。どれほど見事に作成されたビジネス・ケースであっても、提供の仕方や発表の仕方がまずければ、心をつかむことはできない。それどころかそっぽを向かれ、あるいは怒りを買い、あるいはうんざりさせるだけだろう。

第二に、五感すべてに訴える。人は、話された内容を聞くだけではない。自分の目の前にあるすべてのことを物理的にも目にするし、心の目でも見る。心に響くのは、語られた言葉だけではないのだ。匂いや空気感が心に訴えることさえある。たとえば工場や店舗に足を一歩踏み入れただけで、熱意や愛着が伝わってきたり、投げやりですさんだ感じを受けたりしたことはないだろうか。こうした感覚的な要素が果たす役割はきわめて大きい。これらが積み重なり、驚くほどの説得力を持って心を動かし、理性的な判断を左右する。

第三に、感情に訴えはするが、感情的な反応は引き出さない。心に訴えるのは、怒らせたり、不安がらせたりすることが目的ではない。過去に失敗はしたけれど今度は大丈夫だ、苦況はきっとチャンスに変えられる、という気持ちにさせる。変革を恐れる人やどうせまただめだと思っている人を、今度は違うぞという気にさせる。ほんとうの危機感を抱く人が自信と信念を持って呼びかければ、それは十分に可能である（この点についてはあとの例でくわしく述べる）。

第四に、無理に言葉で表そうとしない。それよりも、心に響く体験を用意する。たとえば、「この報告書は君が空港へ行く直前に渡すことにしよう。そうすれば機内でゆっくりと時間をかけて読めるから、新しい戦略に劇的に感動することができるだろう」とか「オフィスから見下ろすのではなく、工場へ行って作業員の横に立ってみよう。そうすれば匂いを感じ、騒音を聞き、苛酷な労働環境を肌で感じることができる」などと言っても、相手はぴんと来ないだろう。機内で読めるように渡す。工場へ案内する。それだけでいい。ここで言いたいのは、策を弄して相手を操れということではない。曰く言いがたいことを表現しようとしても無駄だし、相手にもわかってもらえないということである。

第五に、相手の視野を拡げる。外の変化に目を開かせ、新しい視点から現状を見つめさせる。そうすれば、相手は否応なく現状肯定から抜け出すだろう。目の前の現状と、頭の中だけでなく心の中でもめざす未来。今日の現実と、心に深く根付いた希望と願望。そのギャップの大きさこそが危機感を生み、強い決意を生む。

■危機意識を高める基本戦略――二人の事業部長の物語

以上の点を一言でまとめると、危機意識を高める基本戦略は、理性に加えて感情に働きかけることにある。それではここで、頭だけでなく心に訴え心を動かした例として、私のお気に入りのエピソードを一つ紹介しよう。

ある有名企業の年次経営会議で、二人の事業部長が同じ論題について話すことになった。一人は一日目の午後、もう一人は翌日の午前である。聴衆は約一五〇名。経営陣、各事業部のトップのほか、シニア・マネジャー・クラスも出席する。

一番手の事業部長は、ファイル数冊を小脇に抱えて演壇に登場。照明を落とすように指示すると、早速話し始めた。データを豊富に盛り込んだパワーポイントのスライドが、次々にスクリーンに映し出される。その多くが表かグラフだった。一番手氏は、講演時間の三分の一はノートに目を落とし、三分の一はスライドを凝視し、残り三分の一で聴衆を見た（暗いのでよく見えなかったが）。これほど重要な場で話すのに慣れていなかったため、いくらか神経質にはなっていたものの、話しぶりは明晰で堂に入ったものだった。準備したことはすべて話し、度忘れしたところもスライドを見て補うことができた。

現在会社が直面している問題に注意を喚起し、新たな目標と戦略を掲げ、戦略実行の方法と手順を提案するという順序で話を展開。話し終わると場内は明るくなり、質疑応答の時間が三〇分とられる。「あなたが言いたいのはこういうことか」という確認の質問、データや論拠に対する礼儀正しい反論（数字があまりに緻密なので、「あなたの挙げた数字はおかしい」とは誰も言えなかった）、「いまの説明の重要なポイントはこれとこれだ」という解説が多かった。

翌日登場した二番手氏は、明らかに一番手氏よりも緊張していた。彼は出だしで失敗する。ファイルを置くと、演台の横に立ったのだ。照明は自動的に暗くなり演台にスポットライトが当たるようになっていたため、二番手氏は暗がりに立ったことになる。そこで彼はジョークを飛ばした。「ケリー（同社のCFOである）は我が社が暗闇の中にいると言っていたが、まさにその通りだ」。聴衆は少々笑い、講演者が演台の前に行ってスポットライトを浴びるものと思ったが、二番手氏はそうはしなかった。部屋をすっかり明るくするように要求すると、またちょっとばかりジョークを言って笑いをとり、そしておもむろに話し始めた。一時間ほどのプレゼンテーションの間に使われたスライドの枚数はごく少なく、話し方も弁舌さわやかとは言いがたい。ときどきつっかえて言葉を探した。話のテーマは一番手氏とほぼ同じだが、データやグラフの数は一〇分の一程度しかない。ただし非常にインパクトの強いデータが厳選されていた。二番手氏が持ち時間の半分近くを費やして話したのは、「物語」である。父親が経営する会社が倒産して家族は困窮したこと、この会社に採用が決まって心からうれしかったこと、その頃会社は業界ナンバーワンで誰もが誇りを持っていたこと、最近顧客から鋭い指摘を受けて動転したこと、早期退職も考えたがやめたこと……。そして続けた。なぜなら私は勝者として退きたいからだ。そのための計画も持っている、と。二番手氏がその計画を話して締めくくると、長い拍手はいつまでも鳴りやまなかった。

一番手氏と二番手氏が意識的にそれぞれのやり方を選んだのか、私は知らない。直接彼らと話したことはないからだ。だが、同じテーマで同じ場所で同じ聴衆を相手にほぼ同じ時期に行われた二つのプレゼンテーションがまったく違う効果をもたらしたことは、はっきり理解できた。

照明が暗くなるのは、日常生活では「もう仕事は終わった、寝る時間だ」という合図である。だから、体は眠りたがっているのに話やスライドに集中するのは、聴衆にとってはかなりの苦痛になる。心地よい暗がりで人を興奮させられるのは、スピルバーグ監督のサスペンス映画ぐらいのものだろう。悲しいかな凡人のわれわれのスピーチでは、それはむずかしい。

古めかしい立派な演台を前にして立つと、どうしても講演者と聴衆の間に隔たりができる。近寄りがたく、気軽に話しかけられないような雰囲気が生まれやすい。聴衆は身構え、「そう簡単には賛成しないぞ」という気持ちになる。伝統的な造りの格調高い演台は儀式張った印象を与え、現代の文化とはかけ離れていることもあって、聴衆との一体感がなおさら生まれにくくなる。

スポットライトと言うと、ふつうは女優だのアーティストだの、いわゆるスターが連想される。もしその人物が本物のスターなら、スポットライトを浴びていても聴衆は違和感を抱かない。だがスターでないと——なんだか珍妙なことになる。壇上にいるあの男はずいぶん偉そうにしている、何か勘違いしているのではないか、などと思われかねない。ふんぞり返っている人より腰の低い人の方が好まれることを忘れてはいけない。

パワーポイントのスライドに字や数字がいっぱいに詰まっていると、後ろの方に座っている人にはよく見えない。いずれにせよ字が小さすぎるのは、たいていの人を苛立たせる。そして聴衆は邪推する――全員に見えるかどうかあの男は気にしていないのか。どうせ理解できやしないと考えているのだろう。あんなに大量のスライドを見せるのは、自分は全部わかっていると見せびらかしたいからなのか。数字がやたらに小さいのは、何か不都合なことを隠したいからなのではないか……。

ユーモアは、その場を和ませ緊張をほぐすのにたいへん効果的である。他愛のない愉快なジョーク、そしてもちろん笑えるジョークは、大いに結構だ。堅苦しい場では、緊張がほぐれるメリットは大きい。聴衆の笑いは共感のサインだ。お、なかなか話せるヤツじゃないか。そう感じてもらえれば、過度の警戒心や不信感を抱かれることはない。疑念を抱く程度ならコミュニケーションは断絶しないが、不信感を持たれてしまったら、コミュニケーションは成り立たなくなる。

神経学者によれば、人間の脳は、図表やグラフより抽象的な考えを受け入れやすいようにプログラムされているという。ハラハラドキドキ感のあるストーリーは聞いていて楽しいだけでなく、無味乾燥な数字よりもはるかに長いこと覚えていられる。それが話し手自身のことであれば、なおのこと迫真性があるし、親近感も湧く。親しみが湧けば講演者を友達のように感じ、話術や数字で幻惑して何か悪巧みをするとは考えない。

話し手がつっかえたり詰まったりすると、聞き手としては心配になる。だがある程度までなら、たいていの人は許してくれるものだ。たどたどしい話しぶりは、人間味を添えてむしろ好ましい。上がってとちるような人間はこちらを攻撃することもないだろうと思えるので、聴衆は好感を抱き、心を開く。それに多少の言いまちがいは「自分の言葉で話している」という感じを与え、立て板に水のうさん臭さがない。あまりに巧みに話されると、逆にこちらは眉に唾をつけたくなるものである。

いま挙げた点は、頭で考えるだけだと、どれもさほど重要ではないようにみえるだろう。合理性に慣らされている私たちは、肝心なのは中身であって、分析の精度や計画の実行可能性こそが問題ではないか、とつい考えやすい。だが最高の計画であっても、心に響かないことは大いにあり得る。とりわけ過去の栄光に浸り、自己満足が蔓延した組織では、誰も変革を求めず、新しい提案に耳を貸そうとしない。

先ほど挙げた二人の事業本部長がいる会社では、あの年次経営会議を契機に多くの社員が「このままではいけない」と感じるようになり、半年が過ぎる頃には重要な課題に危機感を持って取り組むようになった。二番手氏のプレゼンテーションは、この変化を引き起こしたほんの一因に過ぎないだろう。が、重要なきっかけであったことはまちがいない。ここで変化の過程を簡単に振り返ってみると、まず重要な会議で重要な聴衆を相手に、心に訴えかける強いメッセージが送られた。経営陣は深い感銘を受け、変革に取り組むチームが早速編成された。直々に特命を受けたチームはやる気満々で、部門の枠を超えた見事な連携をみせ、ビジョンと戦略を練り上げた。そこには、一番手氏のデータやアイデアが十分に反映された。チームは十分に時間をかけてビジョン、戦略、実行計画を社内に伝え、浸透させた。このとき、理性に訴えるだけでなく、心を動かすことに気を配った。こうして変革が始まったのである。

経営学の授業で繰り返し教えることは、いまお話しした事例に凝縮されている。だが賢明な読者はきっと、なるほど人間は感情の生き物かもしれないが、教育によって理性を鍛えることができる、本能のままに生きていた洞窟人とは違うのだ、と思われたことだろう。たしかに有能な人材の結集する経営会議などを見ると、そう考えてもおかしくない。会社を動かすような人物は、たいていの場合は考え深く賢く論理的であり、問題を客観的に分析し合理的な解決を選ぶ。ところが最近の神経学や心理学の研究では、論理性や客観性は素顔を隠すお化粧のようなものだということが明らかになってきたという。冷徹な戦略家は感情を抑え隠す習慣が染みついているため、心に呼びかけろなどと言われても納得できず、感情をよくないものとみなしたり、無視しようとしたりする。だが危機に直面すると、彼らですら感情で行動する。大勢の人を動かして途方もない成功を収めてきた指導者や経営者を、私は三〇年にわたって見てきた。そして確信を持ってこう言いたい。組織を率いる人は、まず心を動かせ、と。

column

本物の危機意識を高める基本戦略

重大な事実を突きつける

重要な情報は、それ自体で説得力のある論拠となり得る。
それによって、いま必要なことは何か、これからめざすべき目標は何かが理解される。

⇩

頭、つまり理性に訴えることができる。
だが心、つまり感情に訴える力には乏しい。
そのため、本物の危機感が生まれにくい。

心と頭に訴える

データに裏付けられた論拠も示しつつ、感情的に納得できる理由を掲げる。

それによって、目標が困難ではあるがわくわくするやり甲斐のあるものであることを伝え、実現へ向けた強い決意を呼び覚ます。

心と頭の両方に訴えかける。

そのため、本物の危機感が高まる。

■ 危機意識を高める四つの戦術

心に訴え危機意識を高める効果的な戦術は、大きく分けて四つある。

第一は、内向きになった組織に、外の世界の現実をインパクトの強い形で示すことである。

大量のデータを集めてどさっと積み上げたり、プレゼンテーションに表やグラフを詰め込んでも、あまり効果はない。情報やデータを上手に使い、そのうえでプレゼンテーションやビジネス・ケースを援用して、心に響くよう工夫を凝らす。そのための七つのノウハウを第四章で説明する。

第二は、危機感を行動で示すことである。口で言うだけでなく、行動に表す。それも、できるだけ多くの人にわかりやすい行動で示すことが大切だ。それによってほんとうの危機感とは何かを体現し、自己満足や偽の危機感を駆逐することができる。この戦術は第五章で説明する。

第三は、危機を逆手にとって利用することである。ただしこれは、ごく慎重にやらなければいけない。危機はたしかに脅威ではあるが、その一方で、現状に満足し切った組織を揺さぶるきっかけともなり得る。日頃の安定が覆されれば誰しも動転するから、これをうまく使えば、経営陣や社員の中にはびこっていた自己満足を払拭することができるだろう。だがやり方がまずいと偽の危機感を煽り、みな動転するだけで一向に成果が現れないということになる。この戦術は第六章で説明する。

第四は、危機の存在や変革の必要性を否定し執拗に抵抗する妨害者に立ち向かい、すみやかに退場させるか無力化することである。広い組織の中には、現状維持にこだわり「このままでいいのだ」と強固に主張する人間が必ずいる。新しい考えに対して、「とんでもない」「前例がない」「うまくいくわけがない」「とにかくだめだめ」が口癖の連中だ。この手の否定論者に対しては、効果的な三つの攻略法を第七章で紹介する。

四つの戦術はどれも頭に働きかけるだけでなく、心にも訴えかける。これらの戦術をうまく使いこなせれば、ものの見方や考え方に変革をもたらし、夢と希望を与え、行動に駆り立てることができるはずだ。そして、現状に満足し切った人や危機に動転したり責任転嫁に走ったりする人に、未来に向かう強い決意を抱かせることができるだろう。

偉大な指導者やすぐれた経営者のほとんどは、この四つの戦術を上手に使っている。だが気後れするにはおよばない。天才やカリスマ性が備わっていなくても、十分に使いこなせる。中には高い地位に就いている方がより効果的なものもあるが、たいていの戦術は組織内のどのポジションにいても有効である。大切なのは、遠慮せずどしどし使うこと。使いすぎてすり減るようなことはない。

column

本物の危機意識を高める基本戦略と四つの戦術

基本戦略

頭（理性）と心（感情）の両方に訴えかけ、目を覚まさせ、行動を促す

戦術

1・外を内に呼び込む

- 内の認識と外の現実との乖離、組織内の現状を明らかにする
- 七つのノウハウを使って外の変化を伝え、実感させ、体験させる

2・危機感を行動で示す

- 重要度・優先度の低いことは切り捨てるなど、危機感を自らの行動で表す
- 会議、会話、メモ、メールなどあらゆる機会を生かして「このままではいけない」と訴える

3・危機を好機とみなす

- 危機を逆手にとり、自己満足を打ち砕く絶好の機会として利用する
- 慎重に対処し、不用意に大混乱を起こさないようにする

4・変革否定論者に対処する

- 現状維持にこだわる人間を退場させる、または無力化する

第四章

外を内に呼び込め

企業というものは、規模の大小を問わず内向きになりやすい。ところがこの事実を承知している人でも、内向き組織の弊害を過小評価しがちである。中にいる人に見えているものと外の現実との乖離は、ときに驚くほど大きいことがある。現時点で業績のいい企業でさえ、そうだ。内の認識が外の現実とずれていれば、危機感を持ちようがない。外に転がっているチャンスも外から迫ってくる脅威も見ようとせず現状維持の罠に陥り、自己満足が蔓延していく。

放っておくと内向きになり現状に満足してしまうのだから、それを防ぐには、外の現実に目を向けさせればいい。現実に目覚めれば内の認識は変わり、危機意識が高まる。本章ではそのためのノウハウを七つ紹介するが、その前にまず、なぜ企業では内の認識が外の現実から乖離しやすいのか、それをなくすことがなぜ必要なのかを考えておきたい。

■内向き組織は危ない

ほとんどの企業は失敗する——これが、現実だ。自動車業界では、一九〇〇年代前半に存在していた企業の九〇%が一九四〇年までに姿を消した。新装開店したレストランの大半が二年ももたないことは、読者もよくご存知だろう。生き残るためには、企業は投資家を満足させ、顧客を満足させ、ひいては世界中の潜在顧客を満足させなければならない。投資家も顧客も世界も、満足すればもっとほしがる。それに応えようとすれば、規模を拡大することになる。規模が大きくなれば、工場やオフィスの数は増える。こうして組織が複雑になると、連絡やら調整やら管理やらで、外に向いていた目はどうしても内に向く。

長きにわたって成長を遂げてきた企業は「成功企業」「優良企業」とみなされる。そうなると「ウチのやり方が最高だ」という空気が組織内に充満する。なにしろ業績を見れば、経営者も社員も最高のやり方を知っていることは明らかなのだから、そう思ったとしても不思議はない。だが長い間には自信は自信過剰に、誇りは傲慢に変わっていく。成功の秘訣を知っているのは自分たちであって他社ではないと思えば、他社から学ぶ必要を感じなくなる。そんなことは、時間の無駄だ……。

こうしてすっかり内向きになった組織は、外にある機会も、外から来る脅威も見逃してしまう。競争相手から、顧客から、あるいは規制などの事業環境から生まれるチャンスやリスク。それらを見過しているうちに、かつて持っていた危機感は薄れる。そうなればますます外に目が向かなくなり、「何も問題はない、このままでいいのだ」と思うようになる。それでも、強大なブランドや規模の経済や独占的地位や特許などによって盤石（とみえる）基盤を確保していれば、たとえ新しい機会や迫り来る脅威に無関心であっても、企業は生き延びることができる。いやそれどころか、相当期間にわたって繁栄を維持することさえある。

功成り名遂げた企業が内向きになり、外部から遮断されて危機意識を失う例は、枚挙にいとまがない。たとえばアメリカでは、一九八〇年代のＩＢＭとＧＭがそうだった。いま成功を収めている企業の少なくとも一部は、同じ道をたどることになるだろう。

ある地方都市のスーパーマーケットの話をしよう。この店は商品の鮮度がよく、品揃えも豊富で、あっという間に大繁盛してその界隈でいちばんの人気店になった。初めはたった二店舗だったのが、四〇年後には六二店舗を展開する一大チェーンに成長を遂げる。新規出店するたびに店舗面積は広くなり、規模の経済がモノを言って利益率は上昇し、自社ブランドも着々とシェアを拡大。全国展開するチェーンでさえ、太刀打ちできないと降参して同社のテリトリーから撤退するほどになる。高業績に喜んだ創業者は、経営陣や社員を大いに褒め称えた。称賛に値する働きぶりだったことはまちがいない。だがそうこうするうちに、社内の空気は微妙に変わり始める。会社を誇らしく思う気持ちは、次第にうぬぼれや思い上がりに染まっていった。たった二店舗しかなかった頃は、どうやってライバルを打ち負かそうか、どうすればお客様に喜んでもらえるだろうか、と外に目が向いていたのに、六二店舗も抱えるようになると、運営と管理だけで日々が過ぎていく。だが他店との競争があまりないため、こうした内向き組織の弊害はほとんど顕在化せず、意識もされなかった。

ところがそこへ、意欲的な新しい店が殴り込みをかけてきたのである。もっと新鮮でもっと豊富な品揃えで、売り場は広くゆったりしていて、レジの処理スピードも速い。それでも、いまや老舗となったチェーンはおっとり構え、新参者の動きなど目に入らない様子だった。経営会議の議題はと言えば、ほとんど社内のことばかりである。四二号店が予想外の利益を上げている、八号店の改装は順調だ、ミドル・マネジャーの新しい実績評価システムが近々導入される、等々。もし誰かが、やる気満々の新規参入者の規模や売上高を質問したとしても、おそらく経営陣は一人として答えられなかっただろう。それだけでも驚くべきことだが、もっと重大なのは、自分たちが新規参入者について何も知らないことを気にも留めていない、という事実である。

まさかと思われるかもしれないが、この老舗チェーンのような例はめずらしくない。だがこのような事態は、成功企業に避けられない宿命なのではない。外に目を向けてさえいれば、もっと早くから、「このままではいけない」と感じていたはずだ。そう感じていたら、自分のキャリアが危うくなるような事態や会社の存続が脅かされるような問題の芽を見逃さなかっただろう。そうなれば、自己満足など吹き飛んでいたにちがいない。あるいは、自分のやり甲斐や昇進やボーナスアップにつながるようなチャンス、会社の飛躍に結びつくような商機、投資家や顧客や市民に喜んでもらえるような可能性に気づいていたかもしれない。そうなれば、せっかくの好機を逃すまいと考え、より大きな成功を手にしていただろう。

内向きの組織を外向きにするのは、けっして不可能ではない。長い時間をかければ、企業文化は変えられる。外に目を向ける文化が定着すれば、社員は外の変化に敏感になり、外の現実と内の認識の落差は縮まって、「このままでいい」という空気は確実に薄れるだろう。これについてはあとでくわしく述べる。だが文化を変えるには息の長い取り組みが必要で、何年もかかることが多い。そんな余裕はないというときは、外を内に組織的に取り込む体制を整えるとよい。週に一度やること、月に一度やることといった手順をきちんと決めておけば、組織は外の現実に絶えず触れることになる。やがて外に目を向ける習慣が根付き、システム化され、最終的にはそれが企業文化に育つはずだ。

外を内に呼び込む七つのノウハウ

1．現場の声を聞く

外の現実と内の認識のずれを防ぐ第一の方法は、企業の最前線で顧客とつねに接している社員の声をできるだけひんぱんに注意深く聞くことである。世界の優良企業の中にも、数は少ないながら、この方法を実践して成功しているところがある。

自動車ディーラーのカスタマー・サービス、銀行の窓口、メーカーの営業部門など接客を中心とする部署には、仕事の一環として貴重な情報を難なく聞き込んできたり、大量の情報を上手に集めてくる社員がよくいる。そうした情報が現場に止まらず意思決定を行うレベルにまで上がってくれれば、企業は外の現実を知ることができ、現状に安住していてはいけないと感じるようになるはずだ。

世界を見渡すと、この方法を使って大成功を収めた起業家がいることに気づく。彼らは最前線のオフィスや工場や店にこまめに顔を出し、顧客の様子や製品やサービスに対する反応について、現場の社員から話を聞き歩く。熱心に耳を傾け、細部も聞き漏らすまいとする。相手は自分が必要とされ敬意を払われていると感じ、顧客の反応に一層注意を払い、集めた情報を包み隠さず上司に知らせるようになる。成功する起業家は、こんなふうにして情報収集の上手なパートナーを見つけるのである。やがて社内のすべての部門がこのやり方を採り入れ、現場の声を聞くことが通常業務の一環に組み込まれるようになる。

サム・ウォルトンはそうした起業家の代表格であり、ウォルトン時代のウォルマートは、このやり方で最も成功を収めた企業と言えるだろう。サウスウエスト航空のハーブ・ケレハーもそうだ。あまり明るいニュースのない航空業界で、サウスウエストでは乗客も乗務員もフライトを楽しんでおり、そしてもちろん投資家も株価の高度飛行を楽しんでいる。

昔に比べれば、現代の企業は現場の声をよく聞くようになった。しかし本音が聞けるようになるまでには、次のような配慮が必要である。

・まず聞き手の側が、現場を信頼する。現場の人間はつねに外と接しており、変化に敏感で、いろいろなことを目にし耳にして貴重な顧客情報をつかむことができるし、そうする意欲もある（たとえ、これまではそうではなかったとしても）と信じる。
・現場の社員にそうした信頼の念を示し、敬意をもって接する。口で何と言おうと、信頼や敬意の念が感じられなければ、社員は力を貸してくれない。
・質問し、答えを注意深く聞く。相手がなかなか答えられなくてもあきらめず、辛抱強く続ける。

ある小売りチェーンでは、昇進したばかりの地域担当マネジャーが、この方法ですばらしい成果を上げた。このマネジャーはこまめに店に足を運び（なにしろこの方法はほとんどコストがかからない）、やがて大勢の店員が彼の期待に応えていろいろなことを話してくれるようになる。その中で最初に新任マネジャーの注意を引いたのは、ある店長の話だった。店内に流れるＢＧＭにときどき苦情が出るというのだ。ＢＧＭは、どの店も有線放送で流している。マネジャーは興味を覚え、全部の店で音楽について尋ねてみた。すると「よい」という反応はまったくなく、「うるさい」など否定的な反応がときおりあることが判明する。そこで今度は、自分自身で買い物客をつかまえて聞いてみた。ひどく非科学的な調査ではあるが、結果をざっとまとめると、五〇%が「うるさい」または「きらい」、四〇%が無関心で、「よい」と答えたのは一〇%未満に過ぎない。同社では毎年サンプリングによる顧客の意見調査を行っているが、店内のBGMは調査項目に入っていなかった。新任マネジャーはこのことを上司に話した。文書で報告するのではなく、自分自身が顧客と話したことも含め、ナマの現場体験として話したのである。そして最後に上司にこう問いかけた――もしかすると、顧客調査で漏れている項目がほかにもあるかもしれませんね。私たちは、お客様が買い物をする間どんなことを感じているのか、まだよくわかっていないのではないでしょうか。この問いかけに上司は反応する。そうか。このままではいけない。早速、いくつかの措置が講じられた。

もちろん、BGMの話が即座に重大な変化をもたらしたわけではない。だが外の現実が断片的にでも目に入ってくるようになれば、長い間には大きな変化に結びつく。それに新任マネジャーの話を聞いて、上司は顧客調査に不備があると強く感じた。そこで調査項目の見直しと並行して、外の情報がもっと入ってくるようにする方法がないか、模索が続けられる。

そして半年後には、店頭の接客スタッフを対象とする新たな調査が導入されることになった。

現場の力を借りて外の情報を採り入れ内の認識を変えるというのは、とりたてて目新しい方法ではない。にもかかわらずうまく活用している企業はきわめて少なく、外の現実に目と耳をふさいだまま旧態依然のやり方を続けている企業がかなりある。これでは先は見えていると言わざるを得ない。

2・視覚に訴える

ビデオを活用して視覚に訴えるのも、外の現実を知らせる有効な方法である。

ここでは、あるコンテナメーカーを紹介しよう。このメーカーは、輸送用コンテナを客先のニーズに合わせてオーダーメードで製造している。同社では通常の手順に従っており、製品は「高品質」だ。スチールもリベットも仕様通りで、許容誤差も強度も規格通り。製品は頑丈で滅多なことでは壊れないし、特にメンテナンスを要するということもない。ただしある大口顧客にとって、その会社特有の事情から少々使い勝手が悪いところが一カ所あった。そのため、いちいちそこを微調整しなければならない。ほとんどコストはかからないが、特注でつくらせているのになぜこういうことになるのか、その顧客企業は苛立っていた。かといって他社に切り替えるのは面倒だし、余計な費用も発生する。そこでコンテナメーカーの工場へ行き、担当者に話をした。担当者は礼儀正しく耳を傾けはしたが、何も対策をとろうとしない。言い分は、こうだ――。

「われわれは業界の標準的な製造慣行に従っている」

「製品自体に何も不具合はない」

「自己都合で調整をしたいなら、どうぞご自由に」

この話を伝え聞いたコンテナメーカーのCEOは、重大に受け止める。そして顧客企業の社長に事情を話すと、製品のどこが使い勝手が悪く、どう困っているのか、ビデオに撮ってほしいと頼んだ。昨今ではビデオ撮影など簡単で、さほど費用もかからない。相手の社長は快諾し、困り顔で寸法調整をする現場の模様が早速撮影され、一五分ほどの長さに編集された。苛立った声の説明付きである。ビデオを受け取ったCEOは、工場の人間を全員集める。

「これからみんなに見てほしいものがある。私は先ほどこれを見せられて、非常に困惑しているんだ」

そう言ってCEOは上映を始めた。工場の人間は顧客と直接話したことがない人がほとんどなので、ビデオを見せられてショックを受ける。お客様の苛立ちが画面からひしひしと伝わってくるのだから、なおさらだ。そのうち何人かが自己弁護を始めた。

「これはごく特殊な例だ」

「われわれの製品に問題はない」

「こんなものを見せて、値引きを要求するつもりではないか」云々。

だがほとんどの従業員は、違う意見だった。なんとかしなければ。それも、できるだけ早く。そして、そうなった。「ウチのやり方」に縛られていた工場には、これをきっかけに活気がみなぎり、さまざまな工夫がされるようになる。顧客が大いに喜んだことは言うまでもない（詳細は、『ジョン・コッターの企業変革ノート』を参照されたい）。

このように、映像は強力なツールとなり得る。ただし、誠実に作られ誇張や歪曲がないこと、訴えたい内容だけに的を絞ったものであることが条件だ。過剰演出は見る人をしらけさせ怒らせるだけである。気持ちがストレートに伝わってくるものを適切なタイミングで適切な相手に見せれば、強いインパクトを与えることができる。先ほどのコンテナの例で言えば、拡大画像を見せたり、実際の作業の様子を短時間に編集して見せられるという点でも、ただ話を聞くだけよりも効果は大きかったと考えられる。

もう一つ、これはビデオに限らず言えることだが、何かを強く訴えたいときは話すより見せる方が効果的である。「論より証拠」というわけだ。人を納得させるには「事実を話す」のがいちばんだとよく言われるが、それよりも説得力があるのは「事実を見せる」ことである。処理済みのデータではなく、自分の目でそのものを見てもらう。なるほど全数のデータを集め、合計し、パーセンテージなどで示す方が理に適っているとは言えるだろう。だがそれでは、ここでいちばん重要なこと、つまり心に訴え目を覚まさせる効果に乏しい。

現場の声を聞くという第一の方法と同じように、ビデオの利用も危機意識を高めるメカニズムの中に採り入れるとよい。広報関係の部門で積極的に活用すると効果が上がると考えられる。

3・悪い情報を隠さない

先ほどのコンテナメーカーのCEOは、自社にとって具合の悪い事実を工場の全員に伝えた。「ウチのやり方はまちがっていない」「このままでいいのだ」という空気を一掃しない限り、改善は望めないと判断したからである。このCEOはたいへん賢かったと思う。しかしこういう経営者はなかなかいない。

ほとんどの経営者は、外の情報を社内に知らせることに抵抗する。その理由はさまざまだ。たいていの社員はバカだから言っても無駄だ、あるいは経験不足だからどうせ理解できない。経営陣が理不尽に糾弾されかねない。情報がアナリスト連中に漏れたら株価が下がる。社員の士気が下がり、転職者が増える。不安や怒りを煽って、ろくなことにならない、云々。そこで彼らは情報を遮断する。臭いものにフタをしてしまうのである。外の事実を広く社内に知らせるべきだと考える幹部がいても、たいていは少数派で、その声は封じ込められてしまうことが多い。

ある食品メーカーの北米部門では、コンサルタントから提出された報告書の扱いを巡って激論になった。管理職以上の全員に配布すべきだと人事部長が主張したのに対し、経営チームで強い力を持つエグゼクティブ二人が猛反対したためである。その報告書には、発売したばかりの新シリーズが将来有望な顧客セグメントに支持されていないと書いてあった。だが、このシリーズはスーパーマーケットでしっかり棚スペースを確保しているし、爆発的とは言えないがまずまず妥当な売れ行きである。そのうえコンサルタントは、商品開発のやり方そのものに批判的だった。いまのやり方は時代遅れであり、根本的に改めないと将来は先細りになるという。エグゼクティブ二人は、この指摘の公表に反対する理由を二つ挙げた。第一に、コンサルタントの分析を読むと、まるでお先真っ暗だという気にさせられる。これでは有能な社員が逃げ出してしまうだろう。第二に、誰か不満分子が報告書を社外に漏らすかもしれない。そうなったら銀行や大口顧客が嗅ぎつけ、業界紙にまで知れ渡るだろう。この強力な理由の前に、人事部長は敗れ去った。

とは言え、コンサルタントに指摘された新シリーズの問題点は、急いで是正する必要がある。ただちにフォーカス・グループが集められて新シリーズに対する意見調査が行われ、製品開発チームは不評だった点を直すべく徹夜で働き、広報担当者はメディア対策に奔走した。この猛烈な努力はおおむね実を結ぶ。売上げが思ったほど伸びなかったため社員の中には失望の声も強かったが、「新製品が定着するまでには時間がかかる」といったいつもの説明でお茶が濁された。

こうして当面の危機はなんとか回避されたのだが、そのときになって北米部門のCEOは、コンサルタントの意見は大筋で正しかった、小手先の対策では不十分で、やはり抜本的な改革が必要だと考える。そこで年次経営会議の際にその旨を強く訴え、競争が激化する中で業界トップの座を堅持するためには、これまでのやり方を改めなければならないと主張した。経営チームでは、他にも三人が同意見だった。そこで最終日の午前中、例のコンサルタントの報告書が紹介される。ただし過激な表現は削られ、ソフトタッチに編集されていた。最終日の午後は、改革の実行についての討議に費やされた。

報告書の内容を知った聞き手の反応は、大きく四通りに分かれた。第一は、以前から危機感を抱き、改革がぜひ必要だと考えるグループ。ただしこれはごく少数である。第二は、過去の実績や現在の状況から考えて改革は不要であり、むしろ無謀で危険だと考えるグループ。こちらが多数派だった。第三と第四は、何らかの改革が必要だという点には賛成だが、自分たちには関係がないというグループ。第三グループは製品開発の改革をすればよいと主張し、第四グループは商品企画に問題があると言い張った。

こうした状況でとにもかくにも改革の実行計画がスタートし、一年が過ぎてもなかなか成果が現れないことに業を煮やしたCEOは、別のコンサルタントを雇う。計画の推進に知恵を貸してもらうためだ。その頃には同社が製品開発競争で後れをとっていることが、誰の目にも明らかになっていた……。

これは、多少のちがいはあっても、どの企業でも聞かれる話である。会社の外から穏やかならぬ情報がもたらされる。経営陣はまことにもっともな配慮から、それを社員に隠す。ある時点で経営陣の誰かがことの重大さに気づき、最初の情報に基づいて大幅な変革を試みる。だが、その情報をナマの形で知っているのは幹部だけである。そのため中間管理職以下の危機意識は一向に高まらない。したがって変革は遅々として進まない。最終的には失敗に終わるか、経営陣の期待を大幅に下回る、というパターンだ。

だが成功事例を調べてみると、強い信念と多少のテクニックがあったなら変革はうまくいったはずだと考えられる。カギは、トップから始めること。そして、次の点を認識することだ。

・悪い情報を受け取ったとき、マイナス面ばかり見ず、社員の目を覚まさせる好機というプラス面を見る。
・いたずらに不安や怒りを煽らない。自己満足を一掃し、建設的な危機意識を高めるよう配慮する。
・妙な隠し立てやお化粧をせず、できるだけ大勢の社員にナマの情報を伝える。
・外の世界の動きを客観的なデータで示し、いつまでも従来のやり方は続けられないこと、いまこそ行動しなければならないことを明確にする。
・大切なのは未来に目を向けることであり、責任のなすり合いは許されないことを言葉と行動で示す。
・自信を持って行動する。トップが不安や怒りを示したり、傲慢になったりしてはいけない。
・変革の呼びかけに対して誰がどんな反応を示すかをあらかじめ想定しておく。とくに恐慌を来しやすいグループ、不満を爆発させやすいグループに配慮する。

先ほどの食品メーカーの経営陣は、コンサルタントの報告書を、三〇〇人はおろか三〇人にも見せなかった。だが見せるという選択肢もあったはずだ。たしかにリスクはあるかもしれない。だがどのみち、いつまでも臭いものにフタをしておくわけにもいかない。この機に変革に取り組もうと前向きの姿勢を示せば、リスクは最小限に抑えられただろう。経営陣自らが先頭に立ち「いまやるのだ」という決意を行動で表すこともできたはずだし、「われわれには必ずできる」という信念を伝えることもできたはずだ。トップがそのような姿勢で臨めば、会社が未来に向かっていること、過去の失敗を罰するつもりはないことが社員にも理解されただろう。そうなれば、社員も恐れずに変革に向かうようになる。

要するに企業のトップにいる人間なら、組織を前へ進ませるリーダーシップを発揮できたはずだ。それでも、何かと悲観し反対する輩はいたかもしれない。だが選ぶべき道ははっきりしている。多少のリスクは冒してでも前を向くのか、それとも情報を隠し自己満足を放置して会社の将来を危うくするのか——こんな二者択一は乱暴すぎると思われただろうか。一〇年前なら、たしかにそうだったかもしれない。だがいまはちがう。

4・目に付きやすいところに情報を掲げる

一〇年ほど前、ある企業を訪問したときのことを私はいまだにはっきりと覚えている。その会社は一九五〇～六〇年代に大成功を収めた老舗企業だが、私が訪れた頃は、二〇年連続でシェアが縮小していた。激しい競争の中で業績は低下の一途をたどっており、もはや失血死は目前とまで一部では囁かれていたほどである。ところが本社のドアを開けると、そこには王侯貴族の宮殿のような別世界が広がっていた。

広い応接室は静寂が支配し、さながら謁見の間の控え室といった風情。この会社が二〇年ものあいだ経営不振に陥り刻一刻とシェアを奪われて苦戦しているという徴候は、どこを探しても見当たらない。この会社が属す業界ではテクノロジーが日進月歩で進化しているのだが、画期的な新製品を開発して巻き返しを図ろうとする活気も、どこにも感じとれなかった。

これとまったく対照的なのが、急成長中のある企業だった。その会社の応接室の壁には、外の情報がところ狭しと貼り出されている。お客様の写真。自社製品や工場やオフィスの写真。ライバル会社の製品の写真。業界紙に掲載された最近の記事。顧客から寄せられた声（ほとんどは褒め言葉だったが、中には苦情も交じっていた）。今度発表される製品の試作品のスケッチ。過去二年間の利益率の推移を示すグラフ（これを見る限りでは同社は好調だった）と、株価の推移を示すグラフ（こちらはあまりよろしくなかった）。全体としてはごちゃごちゃしたティーンエイジャーの部屋のような感じで、お世辞にも美的とは言いがたい。髭を生やしたライバル会社のCEOの写真まで飾られているのだから、なおさらだ。

掲示物はひんぱんに更新されるという。少なくとも週一回は最新の情報を追加し、古くなったものははがす。掲示物担当のスタッフはいるが、一定の決まりを守れば社員も貼り付けていいことになっており、実際に大勢の社員が気軽にそうしているとのことだった。

私がこのとき会う約束をしていた相手は、飛行機の延着で一時間近く遅れたのだが、いつもほど気にならなかった。というのも掲示物を見ているだけで楽しかったし、しかも役に立ったからである。一時間のうちに私はこの会社の製品について、競争相手について、世界戦略について、ずいぶんと博識になってしまった。たぶん、専門家から一時間レクチャーを受けるよりたくさんのことがわかったのではないかと思う（それに眠くならない）。応接室の雰囲気からは、興奮、好奇心、スピード、変化といったものを感じとることができた。

社員は応接室を日に一、二回は利用するという。掲示された情報が誰でも知っているようなありふれたものだったり、いつまでたっても古いままだったら、ほとんど効果はなかっただろう（初めて来たお客さんや新入社員は別として）。だがこの会社ではどの情報もまめに更新され、興味深く人目を引くものが厳選されていた。

ぱっと見て理解できるビジュアル素材はインパクトが大きい。動画もそうだが、写真やグラフ、図表なども、いま世界で何が起きているのかを一目瞭然で示してくれる。みなが毎日気軽に立ち寄るスペースに最新情報が掲示されているのは、外の変化につねに気を配る会社の姿勢を伝える効果が大きく、よいアイデアだと思う。情報の正確性と鮮度を維持するために、定期チェックと更新はどこかの部門に任せるとよい。広報部門、あるいはマーケティング部門あたりが適切だろう。外を内に呼び込む意義を理解し、業務の一環として責任を持って取り組んでもらえば、昔ながらの「掲示板」も大いに役立つはずだ。

5・人を外に出す

第五の方法は、文字通り、人を社外に出すことである。「偵察機」を外に飛ばせば、戻ってきたときには新しい情報を持ち帰ってくる。そして、成功にあぐらをかいていてはいけない、新しい挑戦をしよう、という決意も持ち帰ってくるはずだ。

あるスポーツ用品メーカーのCEOは、マーケティング部門のマネジャーからの提案を受けて、営業部隊が年二回重要顧客を巡回する際に、IT部門のトップ二名を同行させることにした。初めてこれを命じたとき、IT部門も営業部門も不満たらたらだった。だがCEOは頑として譲らない。必ず技術畑と営業畑の人間がペアを組んで回るよう主張した。

そして初年度にこのペアは三日間で三都市を回り、顧客一二社と商談する。顧客と実際に顔を合わせ膝を交えて話すのは、IT部門のトップにとって目からウロコ体験の連続だった。顧客は取引システムのどこを気に入っていて、どこに不満を抱いているのか。どこの使い勝手がよく、どこが悪いのか。カスタマー・サービスをどう評価しているか、それはなぜか――そうしたことを、初めてナマの声で聞いたのである。自分たちが最高性能と評価していた取引システムが、必ずしも顧客にそうは評価されていないことも思い知らされた。さらに意義深かったのは、小売店からどんな要望が来るのか、ライバルからどんな圧力がかかってくるのかなど、スポーツ小売業界の内幕を知ったことである。必ずしも新しい情報ばかりではなかったし、IT部門に直接関係のないものもあったけれども、じかに話を聞けば、何かしら新しい刺激を受けずにはいられないものだ。リアルタイムの会話では、ひょいと浮かんだ疑問から思いがけない方向へ次々に話題が発展する。また会話だけでなく、こちらに対する相手の態度やもてなし方など、多種多様なフィードバックが得られる。この試みは大成功だった。IT部門のトップはたくさんの情報を持ち帰って伝え、部内の自己満足は瞬時に消えて緊張感がみなぎった。「このままではいけない」ことを大勢が実感したのである。

この会社では、人事部門のリーダーシップ開発チームでも「人を外に出す」試みをしている。毎年二、三名のシニア・マネジャーを主要大学で行われる三週間のプログラムに送り込むのである。この二人か三人に教育を施す効果よりも、貴重な情報を仕入れてきてもらうことが主目的だ。それが大勢に伝えられ危機意識が強まることを期待してのことである。またマーケティング部門ではこれを独自に真似て、毎年一〇人ほどを米国マーケティング協会（AMA）の年次総会に参加させている。会議の後には新鮮な情報がどっともたらされ、参加者の口から語られる話は部内を大いに刺激するという。同業者とのナマの交流の後だけに、ただ資料を送ってもらうのとは比べものにならない効果が上がるそうだ。

適切な人員を選抜して広く自社の市場を視察させるのも、効果的である。内向きだった人も否応なく外の世界に触れ、戻ってきたときには必ず多くのものを携えてくる。このようにして集められた情報は、フィルターにかけられ殺菌されたよそゆきの顔はしていない。さまざまなエピソードに彩られ、驚きや感激や失望やショックとともに生き生きと伝えられる。そして受け手の心に直接響くはずだ。

たとえば数年前、新興市場のある大企業では、経営幹部三〇人を二週間におよぶアメリカ・ヨーロッパ視察に送り出した。人事部のある若手マネジャーの発案である。同社では階級にかかわらずどんな社員でもアイデアを出してよいことになっているので、これは別段不思議なことではない。経営チームではこの提案を受け入れ、この若手マネジャーにプランの作成を任せた。視察団はそのプランにしたがい、自国に進出していない企業を見て回り、大学のエグゼクティブプログラムに参加し、業界でベストプラクティスとされる数社の工場を見学した。どれも話に聞いたり文献で読んだりはしていても、目にするのは初めてである。これが幹部の心を強く揺さぶったのは、想像にかたくない。それにしても、と私はこの会社のCEOに質問せずにはおれなかった。あなた方幹部が二週間も会社を離れていて大丈夫なんですか。彼は変な質問をする奴だというように私を見てから、ごく簡潔に答えたものである——「もちろん、留守番役に全権を委任してきたよ」。

6・外から人を入れる

第六の方法では、第五とは対照的に、社外から人を入れる。どこの企業でもある程度はこれをしているが、十分に活用しているところはまだ少ない。

ある大手メーカーでは、経営会議を長年の伝統に則って行っていた。会議には、経営委員会のメンバー以下、全社から数百名のマネジャーが出席する。三日間の日程で、場所はその年の業績次第。豪華なリゾートホテルで開かれるときもあれば、質実剛健な会議施設を利用するときもある。いずれか一日は、午後いっぱいゴルフコンペが開催される。延べ一五人が講演するが、全員がエグゼクティブかシニア・マネジャーで、外部の人間は一人もいない。

ある年に「誰かを外から呼ぼう」と声が上がり、CEOを説得して、大学教授を一人講師に招いた。その講演の評判がよかったものだから、次の年には業界の著名アナリストのほか、顧客企業の経営者三人を呼んだ。後者については、大口取引のある顧客企業の中から、気さくでスピーチの名手と評判の経営者を選んだという。三人は会議の前に念を押された――我が社との取引について、率直に、歯に衣着せぬ発言をお願いします。お世辞は無用、婉曲な言い回しをしていただくにもおよびません。そして、この年の会議は活発な討議で大いに盛り上がった。この成功を踏まえ、翌年にはアナリスト、学者、顧客企業の経営者に加え、サプライヤーの経営者も呼ばれる。こちらについても、「率直に」という同じ注意が繰り返されたことは言うまでもない。

こうして三年の間に同社の経営会議の講演者は、一〇〇%内の人間だったのが、六五%が内、三五%が外になる。会議は一年に一回しか開かれないから、これだけでは大きな変化とは言えまい。だが経営会議というものの象徴性を考えるなら、この変化には大きな意味がある。一般のマネジャーは経営会議の様子からトップの姿勢をうかがい知る。一〇〇対〇が六五対三五になったという変化には強いインパクトを受けるはずだ。どの講演者もCEOご推奨となれば、誰もが熱心に耳を傾けるだろう。そして外の人間からもたらされるさまざまな情報を知って、いささかなりとも危機意識が高まると期待できる。

人を内に入れるには、言うまでもなく雇用という方法がある。私が知っているある人事マネジャーは、面接時に自己満足の強い人間でないかどうかをとくにチェックするという。危機意識を持った一人や二人を採用しても、組織全体が自己満足に浸り切っていたらなかなか効果は上がらないが、それでも、適切な資質を持つ人材を継続して採るようにすれば、長い間には目に見える変化が現れるはずだ。

短期的な対策としては、コンサルタントも効果的である。彼らは社外からデータやアイデアや知恵を持ち込んでくれる。もっともその効果のほどは、コンサルタントの資質や周囲の状況によって大きく左右される。「莫大な報酬を払ったのにコンサルタントが何の役にも立たなかった」という話はじつによく聞く。とは言え、その逆の例も少なくない。外から来た第三者のアドバイスは、ときに劇的な効果を発揮するものだ。

外から人を招いたり外の人から情報をもらう安上がりな方法はいくらでもあるのに、活用していない企業が多いのには驚かされる。たとえば急成長中の企業なら、ひんぱんに採用面接を行っているだろう。これは業界情報を入手する好機であり、人事担当者は質問リストを用意して、組織的な情報収集に努めるべきだ。またたくさんの販売店を抱えている企業なら、ぜひとも本社にオーナーを集めて話を聞くとよい。さほど予算がかからないのに大きな効果が期待できる。

7．情報提供に工夫を凝らす

外の変化に立ち後れないようにするために今日いちばんよく使われるのは、データを収集して提供することである。ところが残念ながら、最もやり方がまずいのがこの方法だ。少なくとも、データを効果的に活用しているとは言いがたい。

信頼性の高い良質のデータが常時入手できるなら、外の情報を追い求めてあちこち出向く必要はなくなる。外からわざわざ誰かに来てもらう必要もない。プレスリリースだの、政府の統計だの、シンクタンクの報告書だのを手に入れて常時チェックすればよい。

そうしたデータ収集を自動的にやってくれる高度なシステムもある。が、こうしたシステムは、高価な割に思ったほど効果が上がらないことがある。賢い企業はもっとスマートなやり方をしているようだ。たとえば、いまどきの若者はインターネット経由で驚くべき情報をやすやすと入手し、あっという間に広める術を心得ている。こうしたスキルを活用すれば、何百万ドルもかけて顧客満足度測定システムといった麗々しいものを整備するにはおよばない。その四分の一程度のコストで、十分間に合うだろう。

さらに大事なのは、不完全な情報を洪水のように流さないことである。これでは社員は見る気が起きないし、見ても混乱するだけだ。情報は見やすく・わかりやすく・頭に入りやすい状態で届ける、これが鉄則である。そういう情報が適切なタイミングで提供されれば、驚くほど効果が上がる。しかもさほどコストはかからない。

たとえば数年前、オフィスと工場を結ぶネットワークシステムを導入したある企業では、ITグループのジュニア・マネジャーがこんな提案をした――過去二年間のウチの株価と競合六社の株価をグラフにして、全部のパソコンのデスクトップに置きましょう。この提案は認められ、ある月曜の朝、何の予告もなくグラフがデスクトップに出現する。グラフは、ユーザーが勝手に消去することはできない。予想外の出来事に、社内の話題は沸騰する。そして株価の推移に関心を抱き、毎朝子細にチェックする社員が増えた。そうなると疑問が出てくる。なぜウチの株価が下がるのか、なぜライバル会社は上がるのか、あるいは業界全体の動向はどうなのか、他の情報も知りたいという声が上がるようになった。株価のグラフを全社員の目にさらすのはなかなか巧妙な仕掛けではあるが、少なからぬリスクもある。「ウチの株価だけ下がるのは経営陣のせいだ」などとあらぬ非難をされかねない（実際にそういう社員もいた）。だが意外な情報を数分ではなく長い時間にわたって、それも限られた社員ではなく全員に見せるのは、危機意識を高める有効な方法の一つだと言える。

別の会社では、コミュニケーション部門のスタッフが、いわゆるクリッピングサービスを試験的に導入してはどうかと言い出した。上司はいいアイデアだと考え、これを幹部に提案して承認を得る。早速外部のベンダーに依頼し、大量の情報源から指定した分野のものだけを抽出し、毎朝供給してもらうことになった。コミュニケーション部門のマネジャーと戦略プランニング部門のマネジャーがそれに目を通し、「本日のストーリー」を一つ選ぶ。そしてイントラネット経由でミドル・マネジャー以上の全員に配布する、という仕組みである。選択基準は、自社の事業と密接な関係があること、一〇分以内に読み終われるようなテキストまたは動画であること、信頼できる情報であること、興味深い、インパクトが強い、ストーリー性があるなど一気に読みたくなるようなものであること、の四点である。この実験がなかなか好評だったため、その後も多少修正を加えながら、現在に至るまで続けられている。

ときおり、事業部によって違う「本日のストーリー」が送られることもある。自分の部門にとって興味深い情報を見つけたマネジャーが、クリッピングサービス担当者に「ぜひこれを配布してくれ」と依頼するからだ。ときにはCEOあたりから圧力がかかって、あまり納得のゆかないストーリーが配信されることもあるが、全体としてみれば、このサービスは外の情報を効果的に取り込む役割を十二分に果たしていると言えよう。

お客様がどの程度満足しているのかは、企業にとって最も知りたいことの一つである。このため過去二〇年間というもの、顧客満足度データの組織的な収集に多くの企業が力を入れてきた。そして中には非常に高度なシステムを構築しているところもあり、顧客や見込み客に関する一般的な情報のほか、自社製品はどこが好かれ、どこがきらわれているのか、どう使われているのか、故障やクレームはどの程度の頻度で発生しているか、サービススタッフの対応はどうか、といった情報を蓄積している。こうした情報収集を、顧客だけでなくサプライヤーについても行ったら一段と効果的だろう。また一部の先進的なコンサルティング会社でも、同じようなシステムを活用してコスト構造、人員構成から利益率、資金繰りに至るまで、ライバル会社のさまざまな情報を収集して顧客に提供している。

社外の情報の収集が有意義であることに異論のある人はいないだろう。にもかかわらず、情報輸入のメリットを十分生かしている企業はあまりない。企業が取り込むのは「殺菌消毒済み」の人畜無害な情報が多く、すぐに忘れられてしまう。情報収集の仕方も単発的で、組織的ではない。しかも明らかに質より量である。

情報収集・提供を賢く実践している企業では、次の四つの原則を守っている。

第一に、何をいまさらと思われるかもしれないが、十分な量を収集している。競合企業、顧客、テクノロジーの動向などについて、組織的に情報を集める仕組みができているのだ。そんなことはどこもやっていそうなものだが、内向きの企業では、往々にしてそうなっていない。

第二に、逆説的だが、多すぎて読み切れないほどの情報は提供しない。大量に供給しても、日々の業務の中に埋もれてしまう。たとえば、先ほどのクリッピングサービスを導入した企業では、「本日のストーリー」は一〇分で読めるものたった一つだけだ。一時間もかかるようなものを一〇本も送ったりはしない。

第三に、インパクトに乏しくすぐ忘れてしまうような情報は提供しない。できるだけ大勢がおもしろがり、びっくりし、どっきりするような情報を選ぶ。これは、まさに心に訴える戦略に適うやり方である。

第四に、無用の危機感を煽らず大勢の役に立つ情報を選ぶ。地位や肩書きに関係なく関心の持てるトピックであると同時に、紛糾のタネになったりいたずらに混乱を引き起こしたりしないことが大切だ。

情報を輸入するのに最も有望なソースは、言うまでもなくインターネットである。ただし単にランダムに検索するのではなく、ウェブキャスト、掲示板、チャットルーム、ウェビナーなどを上手に利用して情報を取捨選択しなければいけない。こうした手法はこれからもどんどん増えていくだろう。現時点で模範となるような活用例をまだ私は知らないが、スマートな企業はすぐにも新技術を使いこなし、危機意識を高める目的に活用するようになるだろう。

column

もしもあなたの会社で

一つ、簡単な思考実験をしてみよう。

あなたの会社では、地位や肩書きを問わず誰でも次のことをしてよい文化とシステムが定着しているとしよう。

- 現場の声を聞く。
- ビデオなどを活用して外の現実を伝える。
- 悪い情報を堂々と伝える。

- 掲示などを使い、目に付くところに情報を掲げる。
- 人を外に出す。
- 外から人を入れる。
- インパクトのある情報提供を行う。

誰かがこのうちのどれかを始めたら、会社にどんな変化が生まれるだろうか。また大勢の社員があちこちでこれを始めたら、現在の自己満足体質に何が起きるか、考えてみてほしい。

■偽の危機感に注意する

外を内に呼び込むノウハウを七つ紹介したが、実行するに当たってよくよく注意しなければならない点を最後に書いておきたい。それは、外の現実を不用意に手当たり次第送り込んでも、本物の危機感を呼び覚ませるとは限らないことだ。下手をすると、不安や怒りを引き起こす結果になりかねない。そして、こうした偽の危機感に駆り立てられて無用の行動に突き進むことになる。

これを防ぐには、四つの戦術のいずれを使うにせよ、周到な準備と的確な判断力が必要である。自社の社員にはどんなタイプが多いのか、どんなふうに物事を受け止める傾向があるのか。また、いまの気持ちや社内の雰囲気はどうなのか。それらの点を見きわめて、どのタイミングでどの作戦を始めれば、怒りや不安ではなく本物の危機感を呼び覚ませるかを考える。

場合によっては第一の戦術だけでは効かず、もっとダイレクトな方法が必要になるときもある。偽の危機感を駆逐し本物の方を高めるには、それを行動で示すのが手っ取り早い。熱意と決意に裏付けられた自信にあふれる行動。責任転嫁をしない姿勢。有言実行の貫徹。こうした行動そのものが、危機意識を高める一つの戦術だと言える。次章では、この戦術について説明しよう。

第五章

行動はメッセージだ

あるCEOとコンサルタントとの会話は、いつもこんな具合になる。

「ロンドンの連中ときたら、すっかりぬるま湯に浸り切ってて、てんでやる気がない」

さまざまな言動から判断する限り、CEOの言い分はまことに正しい。経営チームの面々も同意する。

「これこれのプロジェクトはどんなに遅くとも一年以内に完了しなければいけない。それなのに、いまの調子で行ったら、一年半か二年はかかりそうだ。いや、全然終わらないかもしれない。そんなことは許されない」

またもや大勢が賛成する。

「とりあえずジョンとヘンリーに話をして、尻を叩かないと」

これも、賛成多数。それから、質問が出る。いつジョンとヘンリーと話すのか。

「次に会ったときに必ず話す。こいつは、最優先だ」

結構。で、「次」とはいつか。

「ちょっと待ってくれ。えーと、今日は二八日だな。次にロンドンへ行くのは、と。ニューヨークで会議があって、それから一旦戻ってきて一五日に四半期決算を片付ける。そのあとパリへ行くから、ロンドンはその次だな。ってことは、四週間後だ。ロンドンとパリを逆にしてもいいかもしれない。そうすると一週間早まる。どうかな」

たしかに、四週間後では遅すぎるようだ。

「じゃあ、そうしよう。ロンドンが先で、パリがあと。アンドレが文句を言うかもしれないが、まあ仕方がない」

そこでコンサルタントが質問する――そのプロジェクトを、というよりもやる気のないロンドンの問題を、あなたはほんとうに重要と考えているのか。

「もちろんだ。なぜそんなことを聞くんだ」

いやはや、である。

危機感製造マシン

場面は変わって、今度はインド。主役は若きマネジャー、ニナンである。ニナンは人材派遣会社の地域担当マネジャーで、インド国内で三つの支店を担当。そのうち一番大きなオフィスはハイデラバードにある。ハイデラバードではハイテク産業が急成長中で、スピードが命だ。誰もが忙しく働き、活気にあふれ、ぬるま湯気分などどこにもないように見える。だがニナンの考えは違った。たしかにこの業界は急拡大中だ。チャンスも多い。しかし一部の企業では、過去の成功の上にあぐらをかく危険な徴候が出始めている。自分たちも気をつけなければいけない……。

ニナンが担当する支店からは、人材のほとんどをインドのシリコンバレーと呼ばれるバンガロールに派遣する。グローバル市場での同社の強みは、高い教育を受け英語が話せる若い人材を低料金で提供できることだ。会社は年四〇%の猛スピードで成長を遂げており、ニナンの上司も、それからCEOも、この勢いを維持することが大切だと考えている。なにしろインドだけでなく世界のあちこちから、雨後の竹の子のように新しい企業が参入してくる。先手を打ってシェアを握り規模の経済を確立することと、他社に劣らない評判を獲得することが先決だ、というのがCEOの方針である。アメリカの労働者と比較したときのコスト優位は、徐々に狭まっていくに決まっているのだから。CEOのこうした考えには、ニナンもまったく同感だ。それに加えて、現場にいる自分としては、どこから現れるかわからない新しいライバルにつねに注意を払わなければならない、と肝に銘じている。

ニナンの会社には、若い社員が多い。若手のほとんどは独身で、高収入にすっかり満足している。不景気など経験したこともないし、レイオフなんて想像もつかない。親の代よりははるかに高い生活水準を謳歌している。年配の社員の中には将来を心配する向きもあるが、それはほんの一握りで、大半の社員は老いも若きも、ハイテク産業が傾くことなどあり得ないと信じ切っていた。こうした空気を目の当たりにしているニナンは、自己満足との戦いは永遠に続くと覚悟している。とは言え、彼が担当する三つのオフィスでは、自己満足に陥っている社員はまずいない。なぜか――それは、ニナンを見ていればすぐにわかる。

会話で、会議で、メールで、ニナンはあらゆる機会を捉えて「このままではいけない」というメッセージを発信する。彼の態度や行動には伝染力があって、否応なく部下に伝わっていく。たとえば誰かが何か重要な問題について教えてほしい、と言ってきたとしよう。するとニナンは、

「わかった。明日中には資料を揃えておく」

と答える。そして、約束を守る。たとえ相手がそんなに急いでいなくても、そうするのだ。あるいは、会議で決まったことは即座に実行に移す。全部完了するまでに一カ月はかかるプロジェクトの場合でも、

「最初の一週間にはこれとこれをする」

と宣言し、その通りにする。ニナンはいつも非常に明快で具体的だ。

「次の火曜日には進捗状況を聞く」

と伝える。部下としてはぼやぼやしてはいられない。週の終わりまでにやるべきことを具体的にメモにしておくのが職場の鉄則である。なるほどこれは、効果がありそうだ。

メールに返信するときには、ほんの一行、ライバルの動向や新しいサービスなどを書き添

えるのがニナン流だ。誰かが、

「例の件でミーティングを開きたいんですが、いつ空いてますか」

と聞いてきたときは、ニナンはすかさず聞き返す。

「君はいつが都合がいいんだ」

部下はあわてて手帳（または携帯端末）を開く。そして来週いっぱいは予定で埋まっていることに気づき、ニナンからにらまれるという次第だ。ニナンのメールに対してしかるべきタイミングで返事をしないと、同じメールがもう一度よこされるから注意しなければいけない。


こんなふうに書くと、いかにもせっかちで気むずかしい上司のようだが、けっしてそんなことはない。彼はよく部下を褒める。冗談好きでよく笑い、いいアイデアやビッグチャンスには大興奮する。だから職場には笑い声が絶えないし、部下の創造性は大いに発揮されることになる。ニナンは、部下の尻を叩いてストレスをまき散らすタイプとはまったく違う。ただ彼は競争の現状をよく知っており、「このままでいい」と思ったら危険だということをわきまえている。それが言葉の端々や行動の中に現れているのだ——油断してはいけない、過去の成功は将来の成功を保証しない、と。上司のこうしたメッセージは、部下の考え方、行動の仕方に強い影響を与える。

とは言え、日々の仕事をこなしながら新しい競争優位を見つけ、これまでのやり方を変えようとするのはむずかしい。ニナンが月一〇〇時間も残業をしたり疲労で倒れたりしないのはなぜだろう。一つには、部下に上手に任せているからだ。そしてもう一つには、重要性の薄れた仕事をどしどし切り捨てているからである。当初は効果的だった顧客の巡回訪問も、儀礼的になってきたら一旦やめる。オフィスが小さかった頃は適切だった月次報告会も、フィットしなくなったらオンライン方式に切り替える、等々。ニナンの上司もこの効率的なやり方を真似るようになり、「任せる・捨てる」は管理職のモットーになった。

ニナンが担当する三つのオフィスは、規模は小さいが業績は右肩上がりだ。これは、危機意識が浸透しているからだと考えられる。活気がある点では、おそらく会社の中でナンバーワンだろう。ニナンは、競争相手の動向について、あるいは市場の現状について、よく話す。だが話すよりもはるかに効果的なのは、行動で示していることだ。チャンスを見つければ、機を逃さずつかまえようと訴える。危険を察知すれば、このままではいけないと主張する。そして、やると決まったことはすぐにやる。本音と建前の使い分けや有言不実行ということは、ニナンに限ってはあり得ない。彼はノンストップの危機意識製造マシンである。

なぜニナンはそんなふうにできるのだろうか。特別の遺伝子を持って生まれたわけではないし、飛び抜けて高度な教育を受けたわけでもない。ニナンのやっていることはシンプルで、格別むずかしい理論など必要ない。たぶん彼は、どこかで誰かの行動から学んだのだ。よいお手本はこうして継承される。そして上司だって、部下の行動から学ぶことができる。

■一〇分遅れで始まる会議

人間は誰でも絶えずメッセージを発信している。何を話したか、その内容がメッセージであることは言うまでもないが、いつ、どこで、どのように話したかもメッセージである。声の調子、表情や動作。どの問題に時間をかけ、どの問題はさっさと切り上げたか。もっと細かいこと、たとえば会議が時間通り始まったか、といったことも、たとえはっきり意識していなくても相手はチェックしているものだ。危機意識が高まるかどうかは、話す内容以外のメッセージに大きく左右される。ニナンはそのことに気づき、上手に生かしているが、こういうマネジャーは稀である。

今日よく見かけるのは、むしろトニー・クランデルのようなタイプだ。トニーはアメリカ中西部で大きな病院を二つ経営している。高い教育を受け、頭がよく、やる気満々の院長である。ある日彼は「きわめて重要な」会議を招集した。出席者は、外科部長、財務担当副社長、コスト削減プロジェクトを担当するタスクフォースのリーダーと、メンバーである内科医長、それからオブザーバー一名。会議の目的は、プロジェクトの進捗状況を検討することである。このプロジェクトは重複業務の統合と支出削減を目標に掲げて一年前にスタートしたのだが、ほとんど成果が上がっておらず、トニーは苛立っていた。だが、誰かと正面切って対決し院内の雰囲気を悪くするのは避けたい、とも考えていた。

九時に予定されていた会議は九時一〇分に始まった。トニーは紅茶がいいか、コーヒーがいいか、出席者に尋ねる。一人を除き全員が辞退した。そこで、タスクフォースのリーダーが報告を始めた。

リーダーの報告は二〇分かかった。トニーは出席者全員に意見を求める。財務担当副社長は、コスト削減は断固必要だと明言した。一方外科部長は、一部の業務を統合すると問題が起きかねないと主張した。どちらに対してもトニーは相手の言い分を認め、そのうえで自分の考えを表明するという形で議事を進行させていった。外科部長は、業務統合を不用意に行えば、不満を抱いた腕利きの医師が他の病院に行ってしまうことをしきりに心配している。そのことは、院長であるトニーもよく承知していた。

議論は財務担当副社長が鋭い意見を言ったときだけ活発になるが、あとは停滞気味だった。途中で秘書がドアをノックし、理事からお電話ですと伝える。院長は悲しげに全員を見回して「わかってくれ、理事会にはさからえないんだ」と無言のメッセージを発する。そして、「すぐ戻るから続けていてくれ」と言い残すと出て行った。院長は言葉通りすぐに戻ってはきたが、一〇時四分になるとまた秘書がやってきて、次の会議の時間だと伝える。そこで院長は急いで締めくくった。プロジェクトへの全員の協力に感謝する。だが率直に言って、理事会は成果が上がっていないことに不満だ。以上。

全員が立ち上がって出て行くと、別のグループが入ってくる。おそらく同じような光景が、今この瞬間にも、世界中のあちこちの企業で繰り広げられていることだろう。だが、どこでもやっているとしても、このやり方を続けていたら、激変する世界に対応し切れなくなることは必定である。

ヘルスケア産業は、変化の速い業界の代表格だ。アメリカでは、ヘルスケア産業がＧＤＰに占める割合は、二、三〇年前には四％程度だったが、現在では一五％に達している。これだけ大量のお金がこの産業に流れ込んできているというのに、この産業の主要指標が他の先進国に比して大幅に改善されたとはとても言えない。業界全体の収入が増えたにもかかわらず、医師の平均所得は上がっておらず、むしろ減ったケースもある。アメリカでは医学教育に途方もない費用がかかるため、教育投資を回収できないと嘆く医師も少なくない。書類仕事が増えた、現場の医療に対する制約が多い、という不満もよく聞く。アメリカの医療制度は危機に瀕しているというのが一般的な見方である。ところが医療現場では、危機意識が驚くほど低い。トニーの病院は、その端的な例と言えよう。そこにあるのは現状肯定であり、変化に対する恐れである。会議に臨んだトニーの言動は、それを変える何の役にも立っていない。

まず、会議の始まりが遅れた。一〇分ぐらいたいしたことはないと思いがちだが、ニナンならその意見に同意しないだろう。行動はメッセージである。またコーヒーか紅茶かを尋ねるお決まりの儀式や、高価な磁器のコーヒーカップを使う習慣にも、メッセージを読み取ることができる。ニナンなら飲み物は出さないだろうし、途中で休憩が必要と判断した場合でも使い捨てカップを使うはずだ。それから、会議はだらだらと始まってしまい、病院のコストがもはや容認できない水準に達しているという明確な冒頭説明がなかった。コストが膨張して予算を圧迫すれば、医療の質を高めるための取り組みに予算が回らなくなるかもしれない。そうなれば現場の不満が募ることも、説明されなかった。これもまた、メッセージである。さらに、理事には会議が終わってから電話をかけ直せばよかったはずだ――ほんとうに重要な会議なら。だが院長はそうしなかった。また、タスクフォースのリーダーには、報告内容を手短にまとめておくよう指示しておくべきだったし、プロジェクトが遅れるとどれほどコストが嵩むかの試算もさせておくべきだった。だがトニーはそうしなかった。会議はリーダーシップを発揮する絶好の機会であり、院長は会議の始まりから終わりまでずっとコスト削減の必要性を強く主張し、もっと機敏に動かなければ後れをとると力説することもできたはずなのに、そうしなかった。会議の締めくくりもあわただしかった。ニナンは会議の終わりに必ず「次の一週間で何をするか」を具体的に決めて確認するが、トニーはそうしていない。それにこの会議がほんとうに重要であって、話し合いがまだ不十分だったのなら、あわてて終わらせるべきではなかった。次のさして重要でない会議をキャンセルしてしまえばよかったのだ。そして、出席している財務担当副社長やタスクフォースのリーダーにも、不要不急の仕事は遠慮なく後回しにするか切り捨ててしまうよう話せばよかった。プロジェクトの重要性が理解され、段取りがついたところで会議を終わらせればよいのである。キャンセルした会議の出席予定者には、なぜキャンセルしたのか、コスト削減プロジェクトがどれほど重要なのかを説明する。こうすれば、危機意識を広く浸透させることができただろう。

ここに書いたことは、一つひとつをとればたいした効果はないように見えるかもしれない。だがニナンはそうは思わないはずだ。大事なのは単純なことだとニナンは知っている。変化の速い環境で必要なのは危機意識を持ち続けることであり、そのためにはリーダーがつねに手本を示さなければならない、と。

スケジュールびっしりの手帳

危機感の敵は何か——その一つの答えは、スケジュールがいっぱいに埋まった手帳である。今日では、誰もが忙しい。いつも一〇、どうかすると二〇ものことをしている。しかも、それぞれが互いに関係のないものであることも多い。先ほどの院長も、たぶんそうだろう。そのうえほとんどの会議はのろのろとしか進まない。なぜなら、出席者は誰も急いでいないからだ。そんな会議に次から次へと出席し、全然違う議題を脈絡なく話し合い、どれもこれも手際と効率が悪かったら、どうだろう。うんざりして徒労感ばかりが募り、たとえ少しは危機感を持っていたとしても、すっかり消え失せてしまうにちがいない。どうでもいいことに忙殺されていたら、本物の危機意識は生まれない。疲労は危機感の大敵である。

ニナンとトニーを比べてみると、二人の違いがはっきりする。ニナンは重要度の低いことを絶えず手帳から落としていく。だから時間にゆとりができるので、想定外のハプニングが起きても対処できるし、思いがけない人に会う時間がとれて、思わぬヒントが得られることもめずらしくない。また会議でも瑣末な議題は取り上げないし、余計なことに時間をとらない。おかげで会議はスムーズに進み、よいアイデアが出やすくなる。また大事なことを話し合う時間はもとより、競争相手や顧客の動向、技術の進歩などについて意見交換する時間もとれる。ニナンのこうした行動は、同僚や部下にとってよいお手本となる。彼の行動はメッセージだ――「全部自分で引き受けずに上手に人に任せるといい」「さして重要でないことは切り捨ててかまわない」と毎日語りかけているようなものである。

対照的なのが、トニーである。彼は「困ったら俺に任せろ」というタイプなので、ただでさえ忙しいスケジュールに次々に予定が入り、身動きがとれない。彼はまた、月例会議だの週間報告だのといった形骸化した習慣を自分から変えようとしない。こうした慣行は、時間を食う割に成果が上がらないものである。

周囲の人間は日頃の行動をよく見ているから、ニナンが「一年も待つわけにはいかない」とか「三カ月以内に達成しなければならない」と言えば、誰もがそうしなければならないと考える。だがトニーが同じことを言っても、誰も真剣には聞かない。なぜなら、トニーの行動は言葉を裏切っているからだ。

ぎっしり予定が書き込まれた手帳は、重要課題の追求をむずかしくする。口では「これは重要だ、すぐやらねば」と言っても、瑣末な用事に追われているのでは、一貫したメッセージは伝わらない。リーダーの言行不一致は、危機意識を高めるどころか、部下のやる気を削ぐだけである。

では、教育も経験もある頭のいい人間が、なぜ自分の信用を落とすようなふるまいをしてしまうのだろうか。トニーにしても、失敗したいと思っているわけでない。まったく逆だ。しかし彼らは、次のような罠に落ち込んでいる。

・これまでのキャリアでうまくいったやり方を続けようとする。
・過去には適切だったが、もはや時代遅れの習慣から抜け出せない。
・変化に対応する術を学んでこなかった。
・何事も自分で引き受けようとする気持ちが強い。
・反対意見を言う人が周囲にいない。
・上司任せにする習慣がついていたり、対決を避け穏便に事を済ます空気がある。

このようなリーダーは変われるだろうか。もちろん、人間は変わることができる。とは言え、長年の習慣を打破したり社風に逆らったりするのは、容易ではない。また、自分の行動の問題点に自分で気づいていなければ、変えることはできない。自らの日頃の行動を見直し、それが競争力にとっていかにマイナスか、組織にとっていかに危険かを認識することが、すべての出発点になる。トニーは魅力的な人間ではあるけれども、危機感が問題解決の原動力だということを理解していない。リーダーがこれでは周囲の人間にも理解できないし、たとえ危機意識の大切さを理解している人がいても、状況に流されてしまうだろう。

ニナンが院長か外科部長だったら、トニーの病院は全然違っていたはずだ。

■工場長のぶらぶら歩き

ニナンのようなリーダーの行動をよく観察してみると、大勢の目に触れるように行動していることに気づく。大勢の人に向けて演説をするように、大勢に向けて行動で語りかけているのだ。このやり方は、リーダーがとりがちな行動、すなわち自分の豪華なオフィスにこもっていたり、会議室にしか姿を現さない行動とは好対照と言える。オフィスや会議室では、人目に触れる機会は自ずと限られてしまう。

デービッド・ボーマンは、あるハイテク部品メーカーの工場長である。その工場では一〇〇〇人が働いており、管理職以外は組合に所属している。デービッドは地方の州立大学出身。穏やかな人柄で、カリスマ的なところは全然ない。彼の工場は、いろいろ不利な条件にもかかわらず、毎年のように前年を上回る業績を上げている。これは、生産性、信頼性、安全性を高め、納期を遵守するためのさまざまな試みが継続的に導入されているからだ。変革は、この工場では当たり前なのである。私を案内してくれたマネジャーは、二年前に生産ラインの大々的な見直しが行われ、さらにその後も二度にわたって部分的な修正が施されて、生産性が格段に向上したと誇らしげに話してくれた。同社の他の工場では、こうした改善はあまり行われていないという。それはおそらく、他の工場では危機感を抱いている人がさほどいないからだろう。デービッドを筆頭に幹部がみな停滞を警戒し、「このままではいけない」という意識を持って行動していることは、部外者の私の目にも明らかだった。

デービッドは、毎日一時間は文字通り生産ラインの横で過ごす。この習慣を、彼の部下も真似している。デービッドが通路をぶらぶら歩き回るのは、現場の人たちといい関係をつくるためで、スポーツやテレビドラマのネタや家族のことなどもよく話題に上る。だが何と言ってもいちばんの話題は、生産性や品質や納期のこと、安全性のこと、そして顧客やライバルのことだ。デービッドはけっしてあれこれ詰問するのではないし、ハッパをかけたり尻を叩いたりするわけでもない。生産ラインで働く人たちとの会話は和気藹々としていて、デービッドがえらそうに説教をしたり見下したりする様子はどこにも見受けられない。どうすればここの流れをもっとうまくできるか、ここの作業をやりやすくできるかとか、どうすれば事故を防げるかといった話になると、俄然みな熱を帯びてくる。誰もがいつもこうしたテーマに関心を持っているのは明らかだ。

デービッドの行動が発するメッセージはわかりやすい。

「何事も放っておいてよくなるということはない。雇用を確保し、インフレを上回る生産性の向上を実現し、安全で魅力的な職場を維持するためには、ライバルより早く、ライバルより賢くなければならない。これまでと同じことをやっていても競争には勝てない。競争は、つねに新しい試みを求める。なるほど、われわれは過去に成功を収めた。そのことに誇りを持ってよい。だが過去の課題をクリアしたからと言って、将来もクリアできるという保証はどこにもない。未来には、新たな困難が待ちかまえていることだろう。だが未来には、新しいチャンスも必ずあるのだ」

毎日毎日、大勢がデービッドを見る。それは、駐車場でたまにすれ違うというのとは全然違う。彼らは毎日毎日、工場長が何を心がけ何を気にしているのかを見聞きする。それは、メモやメールを受け取るのとは全然違う。しかもデービッドだけでなく、ラインマネジャーや財務部長までそうしているのだ。会話の様子は、もちろん十人十色である。工場長は腰が低く、ユーモアを交えて穏やかに話す。財務部長は数字を挙げてわかりやすく具体的に話す。あるマネジャーは早口だし、別のマネジャーはジョークを連発する。だが誰もが生産性と安全性を最重視している点で、幹部の姿勢にぶれがない。

こうしたメッセージが、一人ひとりの作業員に日々発信されているのである。たしかに工場の場合には全員が一カ所にまとまっているので、こうした方法がやりやすいとは言えるだろう。もしデービッドが六カ国で一〇の工場を任されているとしたら、かなりむずかしくなるにちがいない。それでも彼はなんとかするはずだ。一〇人のデービッドをつくって任せればよい。デービッドなら、できそうだ。

このやり方の効果は、簡単な計算で実感することができる。毎日一時間、デービッドの一〇人のラインマネジャーは現場に出る。それが週五日だから、五×一〇で五〇時間。世間話をしている時間を差し引いて、四〇時間としよう。四〇時間×五二週で、年間二〇八〇時間が危機意識を高めるために使われている計算になる。年間二〇〇〇時間以上というのは、べらぼうな数字である。しかも、これはラインマネジャーが現場で使う時間を合計しただけで、他の手法に使われる時間は含まれていない。

デービッドのやり方を実践するのに、一流大学のＭＢＡなどはいらない。必要なのは、自分の職場をつねに進化させたいという強い意志。あとは小さな思いつきと、それを実行に移す行動力があればいい。

始まりは一人

デービッド・ボーマンの工場では、デービッドからすべては始まった。工場長のちょっとした思いつきがお手本となり、直属の部下が危機感を持つようになって、それを行動に表した。つまり、いくつものお手本が現場近くに出現したわけである。それがいくつもの波紋となって、重なり合いながら工場全体に広がっていった。危機意識はこのようにして広がり浸透するもので、はじめはたった一人であることがめずらしくない。

今日の企業経営で最も厄介な問題の一つは、経営陣や経営戦略に対する根強い不信感である。これは自業自得と言えなくもないのであって、気まぐれに変更される目標や戦略、何十もの失敗したプロジェクト、理想だけは立派だが一向に業績を上げられない経営陣などが続いた結果として生まれる。だが危機感を持つ人が増えれば、そうしたしらけムードによるダメージを食い止めることができる。もちろん、外部情報を内に取り入れることも効果的だ。懸けてみたくなるようなチャンス、頭で納得するのではなく心から熱狂できるような可能性を示すことができれば、日頃の不信感は払拭できるだろう。頑固に現状維持を主張し、「このままでいいのだ」と呪文を唱える連中を排除することも、役に立つ。苦い現実に目を向けるよう熱意を込めて訴えるのも、効き目はあるだろう。

「われわれはこれまで長いこと、よいアイデアを試しもせずに捨ててきた。どうせうまくいきっこないとはじめからあきらめていた。だがこの臆病な姿勢は、たったいま、捨てなければならない。今日から、われわれは変わる……」

だがネガティブな空気に最後に打ち克つのは、本物の危機感を抱き、日々それを行動に表す人たちの力である。その力は、一人から起こすことができる。一人が二人に、二人が一〇人に増えていく。

column

危機感を行動で示す

任せる・捨てる

- スケジュールをびっしり埋めない
- 大事なことに取り組む時間を確保する
- 優先度の低いことはやらない
- 重要度の低いプロジェクトは打ち切る
- 他の人にどんどん任せる

- 「最後は上司がやってくれる」と思わせない

機敏に行動する

- スケジュールに余裕を持たせ、緊急事態に即応できる時間を確保する
- 会議や打ち合わせの最後には、その週に誰が何をするのか必ず確認する

心で話す

- 折に触れて自社を取り巻く状況を話題にし、「このままではいけない」と伝える
- 感情に訴える
- 共感できる関係づくりをする

言葉と行動の両方を生かす

- 外の情報を伝えるだけでなく、つねに外をウォッチする姿勢を示す
- 新しい機会を生かせと話すだけでなく、実際に新しい試みをする

大勢に示す

- 自分のオフィスにこもらない
- 自分の行動が大勢の目に触れるようにする

■焦らず急ぐ

危機感を行動で示すというのは、何も始終走り回ったり、のべつ「早く、早く」と叫んだりすることではない。これではストレスを高めるだけだ。あらゆる目標が今日明日に達成できるはずはないのだから、急き立てられたらイライラは募るばかりである。これは本物の危機感ではない。「変化の速い世界では機敏な行動が大切だ」という基本を硬直的に理解していると、こうした偽の危機感を抱きやすい。

たしかに本物の危機感を抱く人は、「明日ではなく今日」「いつかではなくいま」と考える。それを杓子定規に解釈してしまうと、大きな変革には規模に応じた時間がかかることを忘れやすい。二一世紀を生き抜くという長いスパンで考えるなら、忍耐も必要である。ローマは一日にして成らず。ここで求められるのは、言うなれば「息の長い危機感」だ。形容矛盾ではないかと思われるかもしれないが、それは違う。目標達成にかかる現実的な時間を念頭に置き、どっしり構えつつ日々危機感を持って臨むことを、この言葉は意味する。たとえば最終目標の達成までに五年はかかると見通しを立てる。しかし、五年後に帳尻を合わせればいいとばかり面倒なことを先送りするのではなく、五年後の達成に近づくべく毎日前進するということである。長期的展望を伴う危機感は、無計画で短絡的な偽の危機感とはまったく違うことがおわかりいただけるだろう。

ニナンは「焦らず急ぐ」という言葉をよく使うが、これはまさにその意味である。

危機感を行動で示すことの意味が理解できたら、場面に応じて応用するのはさほどむずかしくないだろう。まずは自分の行動を見直し、「このままではいけない」ことが周囲に伝わっているかどうかを考える。信頼できる同僚などにチェックしてもらうのもいい。自分の行動はお手本になっているか、言葉と行動が矛盾していないか。たったそれだけで、意識に大きな変化が現れるはずだ。これまで自分の行動が周囲に与える影響をさほど意識していなかった人ほど、効果は大きい。さあ、今日から始めよう。

第六章

危機こそ好機なり

危機を迎えたときの見方は、大きく分けて二つある。一つ目は、危機は「恐ろしい危険なもの」という見方である。大方の人は、この見方をするだろう。危機にもいろいろあるが、企業が危機に陥れば社員は解雇されるだろうし、組織は潰れたり切り売りされたりするだろう。したがって、危機を回避するのが賢い経営だと考えられている。万やむを得ず危機的事態に立ち至った場合には、危機管理やダメージ・コントロールを優先するのが一般的なやり方だ。そもそも計画的な予算編成と定期的な見直し、財務管理システムの整備などは、どれも財務運営上の突発事故を防ぎ、損失を最小限に食い止めることを目的としている。また品質管理システムは、製品の欠陥発生を防ぎ、顧客の信頼を失ったり訴訟を起こされたりするのを回避することが目的である。ダメージ・コントロールは、医療分野では重症患者の生命確保を最優先してとられる緊急措置を意味するが、企業の場合には危機による財務損失や評判の下落などを最小限に食い止めるための措置を指し、弁護士、広報専門家などが担当することが多い。

二つ目は、危機は「起死回生のチャンス」という見方である。この視点から見れば、危機は必ずしも悪いものではなく、状況によってはむしろ望ましい。こうした見方をする人にとっては、自己満足に浸り切った組織こそ危機そのものなのだが、いかんせんこの体質はそう簡単には変えられない。しかし、下世話な言い方をすれば「尻に火が付いた」状況になれば、どれほど頑固な現状維持派も考えを変え、「このままでいい」と思う人はいなくなる。こうして変革が可能になる。

では、どちらの見方が正しいのだろうか。危機は避けるべきものなのか、それとも願ってもない起死回生のチャンスなのか。

どちらもつねに正しいとは言えない。だがこの二つの見方を踏まえると、危機的状況と危機感について多くを学ぶことができる。以下で説明しよう。

ダメージ・コントロール・モード

本書を執筆している最中に、ある銀行の一行員が七〇億ドルを横領したというニュースが流れてきた。キャスターのまことに控えめなコメントによれば、適切な管理を怠ったのが原因だという。

企業が社員の行動を管理する方法は二つある。第一は、公式に定められ明文化されたハードな管理。組織、システム、規則、手順などがこれに当たる。第二は、非公式のソフトな管理である。主要人物の影響力、周囲の目、不文律、そして何よりも企業文化がこれに当たる。企業は、とりわけ大きな企業ほど、第一の方法に頼る傾向が強い。厳密に設計された組織構造や明文化された規則は具体的で把握しやすく、合理的な判断に基づいて運用実行できるからだ。一方で第二の方法の比重が高いのは、小さな企業や生まれたての若い企業である。こうした企業では形式張ったやり方をきらうし、規模にふさわしい管理体制がまだ定まっていない。

公式・非公式いずれにせよ効果的な管理体制が整っていない企業では、七〇億ドル事件がいつ起きてもおかしくない。だがとくに公式のハードな管理体制には、欠陥も内在する。時間がたつうちにだんだんと複雑化し、がんじがらめになって、創意工夫を押しつぶしたり変革を阻んだりしがちになることだ。また、規則や手順が遵守されているか監視するといった内向きの注意に追われ、外に目が向きにくくなるという弊害もある。こうして「管理のための管理」が横行するようになる。

危機が勃発したとき、大半の人は「なんとか避けよう」あるいは「被害を食い止めよう」と考える。つまりダメージ・コントロール・モードに入ってしまう。そして、この方面の専門家であるパブリックリレーションズやコミュニケーションのスペシャリストや弁護士などを大急ぎで呼び出す。なるほど彼らは、危機による悪影響を最小限に食い止める見事な手腕を備えている。

ダメージ・コントロールの専門家が採る手法は、主に三つある。第一に、一般の目から危機を隠蔽し、パニックや怒りの暴発によってさらに大きな危機を招く危険性を排除する。第二に、これは重大な問題ではない、あるいはすでに解決済みであると強調し、危機の連鎖を食い止める。第三に、一般の怒りや不満を鎮める措置を最小限のコストで講じる。危機の連鎖によって組織が崩壊しかねないような場合には、彼らダメージ・コントロール・スペシャリストのやり方はきわめて効果的と言える。組織の健全な部分まで共倒れになる危険を防ぎ、社会的に影響力の大きいプロジェクトの打ち切りや大量解雇の発生を食い止めてくれるからだ。

だがダメージ・コントロールの取り組みが自分の地位や報酬を守るためであって、組織の存続や評判を守るためではないことも、往々にして見受けられる。しかも危機を隠蔽したり、なかったことにしたり、一時しのぎの策で不満を鎮静化したりするのは、危機意識を高める千載一遇のチャンスを逃してしまうことになる。これでは組織の現状肯定体質は、いつまでたってもなくならない。

危機をサクセスストーリーに

冷戦が終わると、アメリカ市場にはいわゆるコモディティと呼ばれる分野にロシア製品がどっとなだれ込んできた。輸入量は二五％近く増え、価格は大幅に下落。日用品で国内最大手だったある企業は、売上高は落ち込み利益は消し飛ぶ、という憂き目に遭う。財務アナリストは、早急に人員削減が必要だと進言した。同社は関税引き上げを政府に陳情するが、失敗に終わる。業界紙は毎日のように、ナンバーワン企業が陥った苦況を書き立てた。社内に充満していたぬるま湯気分はさすがに一掃されたものの、代わって登場したのは先行きに対する不安であり、政府に対する怒りであり、「会社をこんなことにしたのは誰だ」という犯人捜しである。そして「とにかくなんとかしなければ」と次々に策が繰り出されたが、付け焼き刃の対策で役に立つものはほとんどなかった。

業界紙の論評は日に日に厳しくなり、ある業界ウォッチャーは、大量レイオフは避けられまいと述べた。明らかに不公平な競争にはちがいないが、ロシアの勢いは止められない。このとき同社では、危機感云々を口にする者など誰もいなかった。みんなが血相を変えて走り回っていたから、危機感の欠如が問題になるはずもない。だがそれは、偽の危機感だったのである。

こうした状況を冷静に見ていたミドル・マネジャー数人が、いつとはなしに集まって、この危機を形勢逆転のチャンスにできないものかと話し合うようになった。そしていくつか案が出たところで、誰か相談できる幹部はいないかと品定めし、ある上席副社長に白羽の矢を立てる。それから話し合いに加わってもらって実行計画を議論。ある程度の結論がまとまったところでCEOに上げ、そこからまた活発な議論の輪が広がっていった。この流れのメッセージは明快である。

「われわれは行動しなければならない。犯人捜しをしていても何もならない。賢く対応すれば、今回の危機を必ず乗り越えられるだけでなく、次にもっと厳しい競争や脅威に直面したときにもびくともしない強い企業へと脱皮できるはずだ」

こうして本物の危機感が生まれ、「いまこそやろう」「きっとできる」という前向きの強い決意が社内にみなぎる。不安や怒りから来る無益な行動は姿を消して、社内はむしろ落ち着き、論理的な判断に基づく抜本的な策が練り上げられた。何年も前にやるべきだったことに、ついに着手するときが来たのだ。組合は譲歩し、工場の合理化に同意した。経営陣は硬直化したピラミッド型組織の再編に取り組み、一部の役職や管理職を廃止して組織構造を簡素化した。また、大量解雇を避ける目的で早期退職勧奨制度を導入した。その一方で従来の年功序列型人事を改め、若手を重要なポストに抜擢。市場の水準からかけ離れていた営業部門の報酬は、現実的な水準に引き下げられた。これらすべてを断固として、しかしこまやかな配慮とともに実行した結果、生産性の向上、コスト削減による収益改善が実現する。それだけではない。グローバルな競争に十分伍していける企業に変身することができたのである。

このように、突然の危機を逆手にとって競争優位に生かすことは十分に可能である。これに成功する企業には、いくつか共通点がある。

まず最も重要なのは、危機を前にしてただ怯えたり嘆いたりするだけでなく、そこに潜むチャンスを探そうとする人間が社内にいることである。彼らは冷静さを失わず、すぐさまダメージ・コントロール・モードに入る愚を犯さない。もちろん危機的状況を歓迎しているわけではないし、必ずうまくいくと考えるほど脳天気でもない。事態は重大であり、手を打たなければならない、と理解している。しかし、性急に小手先の策を講じても傷口を拡げるだけだ、ともわきまえている。だからこそ視野を広くとって、危機を好機に変える可能性を探るのである。

次に、上の地位にいる人を巻き込むことである。ピンチをチャンスとみなす最初の一人は、広い社内のどこにいてもいい。しかし最終的には、同じ見方のできる経営幹部（またはそれに近い人）を巻き込む方がうまくいく。こうすれば強力な後押しを得て、大勢を動員することができる。

さらに、頭だけでなく心に訴えるのが大事だと理解している。数字やデータや論理は状況分析の役には立っても、大勢の人間を奮い立たせる作用はない。不安や怒りは希望を打ち消してしまうから、危機的状況にあって大切なのは、心を動かし希望の芽を育てることである。

だからピンチをチャンスに変えようとする人は、熱意と決意を込めて「われわれにはきっとできる」と楽観的に呼びかける。グラフと数字を使って延々と説明するといった無駄な時間は使わない。

そして最後に、偽の危機感を本物と取り違えない。この点はきわめて重要である。危機を目前にしたその場しのぎの行動は、根本原因に取り組む行動ではないことを彼らは知っている。また、「不安に駆られた人間は必死でやるから、できるだけ不安感を長引かせた方がよい」といった乱暴な考え方には与しない。誰がどんな反応をするかを見越したうえで、不安や怒りといったネガティブな感情を、「いまこそやろう」「きっとできる」というポジティブな決意に変えるよう努める。この努力は言葉によっても行われるが、日々の行動でより明確に示されることは、前章で説明した通りである。

以上の点のよいお手本として、ある大企業のマーケティング部長の話を紹介しよう。イレーヌ・グッドウィン、四二歳。同社に移ってきて一〇年になるベテランである。

ある金曜日の午後、イレーヌは上司から悪い報せを受け取る。来年度のマーケティング部門の予算を二〇%カットするというのだ。来期の収益予想が大幅に下方修正されたから、というのが表向きの理由だった。経営委員会は、株価の下落に神経を尖らせているという。そこでイレーヌは当たり前のことを指摘した――マーケティング予算を削ったら、売上げはもっと減ってしまうでしょう。だが上司は肩をすくめただけである。経営陣に直訴する気がないのは明らかだった。経営委員会は忙しいのだ、一度決めたことを覆した前例はない、たくさんある事業部の事情をいちいち斟酌している時間はない、とにかく今回は二〇％カット、以上終わり。イレーヌには言いたいことがたくさんあった。経営委員会のやり方はまちがっている、と根拠を挙げて説明することもできた。だが、この上司と議論しても時間の無駄だと考えて黙っていた。

不快なニュースのショックから立ち直ると、イレーヌの頭はフル回転し始める。まったく腹立たしい状況だ。でもうまくやれば、部内に活を入れて立ち直らせることができるかもしれない……。

そもそもマーケティング部門自体に問題があることは、イレーヌも重々承知していた。クオリティ重視で、それは結構なのだが、金銭感覚がまるでなく、コストパフォーマンスなどくそくらえという連中が揃っている。経費の使い方にルールを決めようとするたびに、古参社員が猛反対する。質の高いサービスを提供してお客様に満足していただくことがわれわれの使命だ。目先の利益にとらわれクオリティをないがしろにするのは、プロフェッショナルのやることではない、云々。だがイレーヌの考えは違った。彼らは貴重な予算を無駄遣いしている。新しいマーケティング手法を導入すれば、少ない予算でもっと効果を上げられるはずだ。

イレーヌは週末の予定をキャンセルすると、部屋に閉じこもって考えに考えた。予算削減のニュースに対して、部下はどう反応するだろうか。名簿を取り出してリストを作る。この連中は、絶句して天を仰ぐだけで、当面は何の役にも立たないだろう。古くからいるこっちの連中は、かんかんに怒り出しそうだ。それから、私の後釜を狙っているこの二人は、私が経営陣の信頼を失ったと考えてほくそ笑むだろう。頼りになりそうなのは……飛び抜けてできるマネジャーが一人いる。ただ彼は他社から誘われているようだから、この際あっさり転職してしまうかも。でも説得してみる価値はありそうだ。そのほかに、確実に味方になってくれそうなのが三人いる。できるだけ早く会って話をしてみよう。イレーヌは、誰とどうやって話すかについても考えを巡らせた。いますぐ電話するか、それとも月曜まで待つ方がいいかしら。

結局、日曜日に電話して不快な驚きを与えるのは得策でないと判断し、月曜の朝一番で、例の転職しそうなマネジャーにまず会うことにした。彼はもっとやり甲斐のある仕事をしたいのだろう。キャリアアップして、自分の腕を思う存分振るいたいのだ。そう考えているところに魅力的な報酬とよいポストで誘われたものだから、気持ちが揺れている。でもここでうまく彼を引き留められれば、他の三人にも好影響があるはず。がんばってやってみなければ。

イレーヌはくだんのマネジャーに会うと、金曜日にあったことを逐一打ち明けた。自分が動転し、上司に不満を感じたことも包み隠さず伝える。そこから、イレーヌの口調は俄然熱を帯びた。たしかに腹立たしいけれど、これはことによると願ってもないチャンスかもしれない。たとえばマーケティングの効果測定をする新しい手法を導入して、お金ばかりかかって効果が判然としない旧態依然のやり方を一掃できるのではないかしら。ここで形勢逆転して実績を上げれば、キャリアアップの道も開けるはず……。

マネジャーは、今後人員は減らされるのか、外注先との取引は制限されるのか、と質問した。当然の質問であり、ちゃんと準備していたイレーヌは淀みなく答える。何人かは辞めてもらうしかないわ。でも最小限に抑えられるつもり。しっかり仕事をしている人までクビにしたり、取引を打ち切ったりすることは絶対にない。そして、自分には昇進や昇給の約束はできないが、変革がうまくいったら必ず経営陣と交渉することも約束した。最後にイレーヌは一押しする——まだこの話は誰にもしていない。まずあなたに話したのは、変革を成功させるのにどうしてもあなたの力が必要だと考えたからよ。危機をサクセスストーリーに変えましょう。考えさせてほしいと答えた相手は、一時間後に返事をよこした。とりあえず転職は見合わせて協力します。

次にイレーヌは、頼りになりそうな三人と会う。三人が慕っているあのマネジャーが踏みとどまる決心をしたと聞けばきっと協力してくれるはず、というイレーヌの読みは当たった。これで、自分を入れて五人揃ったことになる。五人なら、自分一人よりはるかに大きな効果が期待できる。予算カットという非常事態を不安や怒りに結びつけず、将来を見据えた行動に変えられるにちがいない。

続いて五人は食事をしながら「秘密会議」を開き、作戦を練った。枝葉の部分では意見の食い違いがみられたものの、幹の部分でのぶれはない。マーケティング部門は苦しい立場に追い込まれた。予算削減はすでに決定事項であり、経営陣との再交渉の余地はない。これは多少の軌道修正程度で済まされる問題ではなく、大々的な変革が必要だ。だがわれわれは落胆していないし、ダメージ・コントロールが必要だとも考えていない。マーケティングの新しいやり方を考えよう。これまでやらなかったことを思い切って試そう。スリムでリーンな体質に生まれ変わるのだ——こうしたメッセージが希望に満ちた言葉で語られ、日々の行動で示された。

五人の仲間の奮闘は数カ月にわたって続いたが、その流れをごくおおざっぱにまとめると、次のようになる。

1 予想外の危機に直面する
2 パニックに陥らず、ダメージ・コントロールにも走らずに対応する
3 この事態を部下がどう受け止めるか考える
4 部下の反応を見越して計画を練る
5 危機による痛手を和らげる措置は講じない
6 危機感を行動で示す
7 この危機を乗り越えられるという前向きのメッセージを発信する
8 周囲の危機意識を高める
9 従来は抵抗に遭ってできなかったことができるようになる
10 変革が結果に結びつく

二年後。収益改善に苦戦する他部門を尻目に、マーケティング部門はいち早く革新的な手法を取り入れ効率改善に成功していた。マーケティングが機能すれば、それは会社の業績に反映される。経営陣は大いに満足したし、イレーヌの部下たちは達成感にあふれ、一段と仕事に誇りを持つようになった。

危機的状況をつくり出すショック療法

イレーヌの例からもわかるように、人間は切羽詰まらないとなかなか本気にならないものである。この考え方を推し進めれば、危機が起こるのを待っていないで、こちらから危機的状況を作り出す戦略があり得る。僥倖を当てにせず、自ら計画的に動くのである。行き当たりばったりに危機を起こしてもうまくいかないが、周到に準備して臨めば、このショック療法は大きな効果を上げることができる。

たとえばある航空会社の新任CEOは、変革が絶望的だと見て取ると、一気に膿を出す荒療治を行った。何年も前にやるべきだった不良資産の償却を断行し、巨額の損失を計上したのである。会社始まって以来の大幅赤字決算だった。前例のないこの衝撃的な非常事態には、社員全員が茫然とした。そこですかさずCEOは自らのカリスマ性と指導力を存分に発揮し、不安や怒りが噴出する前に危機意識を高めることに成功する。CEOの人間的な魅力と情熱の前にパニックや内輪揉めは鎮まり、会社は正しい方向へ向かうことができた。続く三年間で将来を見据えたたくさんのイニシアチブが着手され、この航空会社は顧客重視へとはっきり路線転換する。同時に、効率改善により収益も好転した。他のサービス産業と比較すればまだ改善の余地はあるものの、ＣＥＯの思い切った手法のおかげで変革が進み、同社は過去と訣別して強い企業に生まれ変わったのだった。

またある重電メーカーの新任ＣＥＯは、すべての事業本部長に対し、それぞれの業界でナンバーワンかナンバーツーになれとハッパをかけた。それができないなら、その事業からは撤退するか売却するという。世に定評ある優良企業ではこの戦略が適用されている、とＣＥＯは実例を挙げて説明。競争が激化する現代では、ナンバーツーにもなれないような事業は続ける価値がないと言い切った。この単純明快な決断は強い口調で語られ、「誇りにできるような卓越した企業」をつくるというＣＥＯの決意は何者にも止められないだろうということが、社員全員にひしひしと感じられたものである。このＣＥＯは、業界ナンバーツーに達していない事業部やボーダーラインにいる事業部に、危機的状況をもたらしたと言える。そして、野心的だが非現実的ではなく、がんばれば達成できそうな手応えのある目標を掲げ、一丸となって取り組む。こうした事業部は、おおむね生き残ることができた。

失敗した事業部は、ＣＥＯの言葉通り売却されるか全面撤退となった。その多くがもともと問題を抱えていたのだが、危機に直面して事態がさらに悪化したケースがほとんどだった。まず事業部長自身がパニックに陥ってしまった。そして独断的に高い目標を掲げたが、それはどうみても高すぎて到底実現不可能なものだった。これではチャレンジする気が起きず、失敗へのレールが敷かれたようなものである。こうして多くの事業が強化される一方で、不振事業が売却・閉鎖されたおかげで、総花的だった同社の事業構成はきわめて健全で魅力的になる。売上利益率も大幅に改善され、株価は急上昇した。

いま挙げた航空会社や重電メーカーのCEOのように、多くの経営者が背伸びした目標、いわゆるストレッチな目標を通じて危機感を生み出し、変革に成功している。私の友人がいみじくも指摘した通り、「目標というものは、ふつうにやっていては達成できないぐらいに高いことが条件」だ。別の言い方をすれば、目標を聞かされた人間がぎょっとするようでなければいけない。ただし、ぎょっとしたはいいが「そんなのは絶対無理」とやる気をなくしてしまうのではなく、「おお、そう来たか。よし、やってやろうじゃないか」と燃えてくるような目標であることが大切だ。

外の情報に目を開かせる、すなわち外を内に呼び込むことによっても、危機的状況を導くことは可能だ。新規参入者や新技術や新たな規制などによって状況が変化し、脅威が差し迫っていることを理解させるやり方である。ただし、あまりにぬるま湯体質の染みついた組織では、鼻先で爆弾が破裂してもとんと反応を示さないこともめずらしくない。そういう組織には、ショック療法が効果を発揮する。

危機的状況をつくり出して変革に成功した経営者は、言うまでもなく危機を「起死回生のチャンス」とみなすタイプである。彼らは危機をテコにして積極果敢に行動する。「足下に火の粉が飛んできたのだから、放っておいても自己満足は消滅するだろう」などという甘い考えは抱かず、先を見越して次々に手を打っていく。理詰めで説得するのではなくハートをつかんで勢いを付けるのも、このタイプの特徴だ。

危機が起きるのを待つのではなく自ら生み出す場合には、有無を言わせぬはっきりした形で示すことが重要である。予想外の大幅赤字。ナンバーワンかナンバーツーでなければ即売却か撤退――これほどわかりやすく明快至極なメッセージはあるまい。しかもこうしたメッセージは、大勢の目に付く。さらに小幅の軌道修正では到底対応できず、根本的な変革が必要になる。火事が大きく、派手に火の粉が飛び散っていて、バケツの水では消せない状況だ。危機的状況の演出に失敗するケースの多くは、「さほど深刻ではない」と受け取られてしまうことが原因である。そうなると、その場しのぎの策で切り抜ける結果になりやすい。

最後に、大事なことを一つ。この方法の成功例は、現実の事業が抱えている問題と関連づけた危機的状況を作り出していることだ。実際に直面する課題と無関係の危機を引き起こしたら、策略と言われても仕方がない。その方が手っ取り早いかもしれないが、せっかくの変革の機運をまちがった方向へ導くことになるし、誠実さという点で、経営者の信認を甚だしく傷つける結果となる。

四つの落とし穴

危機を逆手にとって自己満足を排除し変革に結びつける戦術について、一つ言っておかねばならないことがある。それは、絶妙のバランスを要求されるむずかしい戦術だということだ。流砂の中に浮かぶダイヤの原石をとるようなもので、ちょっとした不注意が悲劇を招きかねない。ここでは、四つの危険な落とし穴について説明する。

1・危機になれば危機感は募ると思い込む

ヨーロッパのある大手服飾小売りチェーンでは、利益率が年々下がり続けていた。高級ブティックが富裕な顧客を独占し、量販店が低価格志向の消費者をさらってしまう業界で、同社の位置づけが中途半端になってきたためである。そうした状況で、ウォールストリートジャーナル紙の欧州版が、同社の問題点を指摘した記事を掲載すると通知してきた。記事の掲載は二週間後だと知らされたとき、この会社のCEOは何をしただろうか――何もしなかった。経営陣に話すこともしなかったし、記事の掲載を延期するよう働きかけることもしなかった。また、その記事が発表されたら何が起きるかを予想し、その場合にどんな手を打てば混乱を乗り越えて会社を望ましい方向へ向けられるか、あらかじめプランを練っておくこともしなかった。新聞にそんな記事が出れば、社員は大ショックを受けて何かが変わるだろう、と漠然と考えていたのである。

無為に二週間が過ぎ、いよいよ記事が掲載される。社内は大騒ぎになった。ＣＥＯは幹部連中が目を覚まし、「このままではいけない」と気づき、指摘された問題点に取り組む姿勢を示すのを期待したが、そうはならなかった。むしろ多くのマネジャーはこれまで以上に及び腰になり、重要な決断をためらうようになる。「あの会社はどうも危ないらしい」と世間の注目を集めるようになったいま、失敗を犯して非難されたくないからだった。また問題の大きさに恐れをなし、さらに悪化させたらどうしようと二の足を踏むマネジャーも多かった。ＣＥＯが助けを最も必要とするときに、マネジャーたちは怖じ気づいてしまったのである。

危機こそ好機だと考えるのは、まちがっていない。だがピンチをチャンスに変えるためには、計画的な行動が必要である。危機になったからと言って自動的に危機感が募るわけではない。手をこまぬいていたら、事態は悪化するだけである。

2・危機を意図的に誘発し怒りを買う

自分が操られていると感じるのは、誰にとってもうれしいことではない。誰かが故意に危機的状況を作り出し、その結果として自分の身が危うくなったと感じたら、しかもそれが現実の問題とは無関係だったとわかったら、誰でも憤慨するだろう。そのような操作を危険きわまりない軽率な行為だと考えるのは当然である。何か下心あってのことかと勘ぐられても仕方がない。いずれにせよ、皆怒りを募らせるだけで、解決に取り組む意欲など湧いてこないだろう。こうなったら危機誘導作戦は大失敗であり、事態は混迷の度合いを深めるだけということになりかねない。

アメリカ中西部のある自動車部品メーカーで、まさにそれが起きた。このメーカーの主力事業部では、ずっと国産自動車メーカーにだけ部品を供給していた。しかしこのままでは先細りだと考えた事業部長は、外国メーカーへの拡販を計画。トヨタにアプローチするが、うまくいかなかった。彼らの要求する精度と品質に対応できなかったためである。この部品メーカーは六〇年代、七〇年代に大成功を収めており、そのせいだろう、工場が非常に傲慢で聞く耳を持たない。「俺たちの製品に文句があるなら買ってくれなくて結構」という態度である。売上げは落ち込み、将来立ち行かなくなることは明白なのに、事業部長の変革の試みは頑強な抵抗に遭う。とくに合理化に対する組合からの反発が大きかった。そこで事業部長はついに苦渋の決断をする――もはや万策尽きた。あとは、危機を仕掛けるしかない。

その後一年というもの、ありとあらゆるプロジェクトが目標を下回ってもこの事業部長は容認し、言い訳に理解を示しさえした。やる気のある若手技術者から、自動車の電子部品の数は増える一方で性能も高度化しているのに、ウチは全然対応できていないと指摘されたときも、おざなりな見直しを行っただけである。それやこれやで事態は悪化の一途をたどり、もくろみ通り大問題に発展する。ライバル会社の新製品にシェアを奪われたのだ。国内自動車メーカー向けで一〇％、外国メーカー向けでは三〇％以上を浸食された。その結果として、七五年におよぶ同社の歴史で最悪の大幅減収を招く。業界紙はこぞってライバル社の新製品に高評価を与える一方で、競争に乗り遅れたメーカーを手厳しく論評した。まさに危機は起きたのである。ところが社内には、勇気を持って立ち向かい、ライバルをしのぐ製品を開発しようという動きは起きなかった。代わって起きたのは、「こんなことになったのは誰のせいか」という犯人捜しである。怒りの矛先は、当然ながら主力事業部のトップへと向かった。あの男が無能なのだ。いや、そもそも何か企みがあって計画的に仕組んだのだ。噂が噂を呼び、社内を駆けめぐる。本来なら苦い現実と向き合い問題解決に注がれるべきエネルギーは、怒りと恨みになって事業部長に向けられたのだった。

3・座して危機を待つ

受け身的な危機待ち戦略には、一つ致命的な欠陥がある。望ましい時期に望ましい場所で望ましい規模の危機が起きるとは限らないことだ。火事は小さすぎるかもしれないし、大きすぎるかもしれないし、全然起きないかもしれない。現代の企業経営では、この作戦はまず失敗する。

ある電力会社のCEOは、電力市場の自由化がどのみち避けられないなら、むしろ全面的な門戸開放が望ましいと考えていた。そうなれば独占体制は完全に崩壊し、自社の硬直化した体質を否応なく変えられるとの読みからである。だが予期に反して、規制緩和はなかなか進まない。政治的な思惑が絡んだせいで自由化法案は可決されず、修正が加えられた結果、新規参入にはあれこれ制限がつくことになった。これでは既存会社にとってさしたる脅威にはならない。結局、同社のシェアはいくらか喰われ、小幅の料金改定を余儀なくされたものの、それなりの収益は確保された。赤字に転落するとかシェアが激減するといった激震に見舞われないため、社内の自己満足体質は一向に変わらない。来年こそは全面開放が認められるだろうとCEOは心待ちにしたが、むなしかった。寝て待っても果報は来ない。

4・危機を過小評価する

あるハイテク企業は、マイクロチップの小型化によって実現した新製品の登場で、ライバルに十数社の顧客企業を奪われた。重大な危機が迫っていることは明らかである。ところが経営陣は、これで全員が目を覚まし真剣に取り組むから大丈夫乗り切れる、とひどく楽観的な見通しを立て、十分な対策を講じなかった。すると、当然の結果が訪れる。売上げは激減し、大幅赤字の計上を余儀なくされ、株価は急落。後手に回った同社は人員削減に手を付けざるを得なくなるが、優秀な社員はそれを待たずにさっさと逃げ出した。甘い見通しを立て自社の能力を過信したために、この会社はあらゆるものを失ったのである。資金調達の道が途絶えると、まさに必要なときになって、設備投資も研究開発投資もできなくなった。勇敢な社員が打開策を探ろうとしても、あまりに問題が大きすぎて手が付けられない。士気は低下し、損失は膨らみ続け、結局このハイテク企業は安値で買収され、解体され、切り売りされてしまった。ピンチはチャンスなりと考えるのは結構だが、現実を見誤ると悲劇に突き進むことになる。

四つの例のうち、これが最も悲惨だった。危機を逆手にとるどころか、危機に呑み込まれてしまったのである。ふつうは危機に直面すれば誰もが必死になるので、このようなことは滅多に起きない。だが組織が機能不全に陥り崩壊する事態も、言うまでもなく十分にあり得る。危機は、ときに効果絶大なショック療法となるが、いつでも頼れるやさしい友ではないことをわきまえておくべきである。

■危機を賢く生かす原則

危機を逆手にとるには、賢くなければいけない。なるほど危機管理やダメージ・コントロールは急場の役には立つ。しかし、ダメージ・コントロール・モードに入ると現実から目が逸れてしまうことを忘れてはならない。コントロールして被害を未然に食い止めるのは、結果的に現状肯定を放置することになる。一方、本章で示したように深慮遠謀をもって手綱さばきをすれば、危機をテコに本物の危機意識を高めることができる。この千載一遇のチャンスを逃すのはもったいない。

ピンチをチャンスに変えた多くの成功事例では、次の原則が守られている。

・危機的状況に陥ったとき、そこには必ず逆転のチャンスがあると考える。危機をむやみに恐れて、性急にダメージ・コントロール・モードに入らない。

・危機になれば自動的に危機意識が高まるとは考えない。慎重に状況を見きわめ、巧みに針路を維持しないと、不安や怒りや責任転嫁にエネルギーが向けられたり、無計画な一時しのぎで事態の収拾を図ろうとしやすい。

・危機を逆手にとる戦術では、危機に対して誰がどんな反応をするかを予想し、それを見越した行動計画を入念に準備する。そしてネガティブなエネルギーが生まれる前に、先手をとって行動する。

・組織内での自分の地位が低い場合には、度量が広く話のわかる幹部クラスの人間を巻き込む。こうした人がリーダーシップを発揮すれば、変革の機運も高まりやすい。

・危機をテコにして変革の機運を盛り上げるには、頭よりも心に訴えることを心がける。危機感を持って、しかし悲壮にならず、前向きに楽観的に行動し、熱意と決意を強く打ち出す。こうした姿勢は、分析的・論理的な資料に倍する効果がある。

・いつまでたっても自己満足体質が改まらない場合、座して危機を待たず、自分から働きかける。外の情報を取り入れ、危機感を日々の行動で示す。

・自ら危機的状況を作り出す戦術を採用する場合には、慎重の上にも慎重に。第一に、危機が手に負えなくなる危険性がある。第二に、故意に危機を誘発したとみなされ、怨嗟の的になるおそれがある。

・危機的状況を作り出すときは、現実の問題点と絡めた危機を演出する。小手先の修正では到底解決できないことが誰の目にもはっきりわかるような、圧倒的な危機でなければならない。危機の到来を隠したり過小評価するような動きには、徹底抗戦する。

危機を前にしたら、慎重になるのは当然のことである。だが危機を賢く生かすなら、最終的な危険を減らすことができる。

第七章

否定論者を甘くみるな

数年前、私はホルガー・ラスゲバーと一緒に寓話仕立ての本を書いた。『カモメになったペンギン』である。タイトルからもわかるように、登場するのは皇帝ペンギンたちだ。自分たちの棲家である巨大氷山が溶けかかっている――ある若いペンギンがこの危機的状況に気づくところから、物語は始まる。刻々と変化する事態。危機に直面したときに大勢が示す不安、怒り、苛立ち。どれも人間界と同じだが、さいわいにもわれわれの大半（九〇％）とは違い、ペンギンたちは解決策を見出すことに成功する。それも、二一世紀の企業のお手本になるような、変化に適応する解決策である。

さてこの本の重要な脇役、というよりも悪役に、ノーノーという名前のペンギンがいる。その名の通り、新しい試みには何によらず「ノーノー」と言う頑固ペンギンだ。しかも「ノーノー」と口で言うだけではない。何としても現状を変えまいと驚くほど巧妙に立ち回り、あの手この手に訴える。

つまり、ノーノーは筋金入りの変革否定論者であり現状維持論者であって、辣腕の変革妨害屋なのである。そしてこのタイプは、「このままではいけない」という声を封じ込めることができない場合でも、不安や怒りを煽り、無用の行動をそそのかして、組織の方向性を誤らせる術に長けている。

どんな組織にも、このタイプはいる。それも、たくさんいるはずだ。この手合いとやり合ってうんざりした経験は、誰しもあるだろう。だが変革を進めようとするとき、彼らは単に不快なだけでなく危険な存在である。しかし筋金入りであっても難攻不落というわけではないから、絶望するにはおよばない。本章ではこのタイプの危険性を説明し、よく使われるがまったく効き目のない二つの対策を検討した後で、三つの効果的な攻略法をお教えしよう。

危険な存在

最初に言っておかなければならないのは、変革否定論者は侮りがたい相手だということである。「このままではいけない」「変革が必要だ」と言われたとき、疑問を抱き、態度を保留し、納得できる根拠を求めるのはごく穏当な態度だが、彼らの姿勢はそれとはちがう。始めから徹頭徹尾反対なのだ。しかも、もっともらしい理由をつねに一〇も二〇も用意している。現状には何も問題ない、なぜなら○○だからだ。重大な脅威が迫っていると言い立てる連中がいるようだが、そんな脅威などどこにも存在しない、なぜなら△△だからだ。連中の言葉を鵜呑みにして行動を起こすのは危険だ、もっとデータを集めるべきだ、云々。『カモメになったペンギン』では、若いペンギンが氷山崩壊の危険性を指摘したとき、ノーノーはまさにこのような反応を示した。

「そこのお若いのは、氷山のど真ん中に大きな洞穴ができ、洞穴と海とは細い通路でつながっていると言った。だが、そいつは見まちがいかもしれない。しかも冬になったら通路の中の水が凍って、洞穴は密閉されると言った。だが、そうはならないかもしれない。寒い日には閉じこめられた洞穴の水が凍ると言ったが、そうもならないかもしれない。水は凍ると膨張すると言ったが、それは思い違いだろう。それに、お若いの言うことがたとえ全部正しかったとしても、凍った水が膨張したくらいで砕け散るほど、この氷山は脆いのか。そんな主張は、仮説とも言えない、ただの当てずっぽうじゃないのか。自分に都合よく事を運ぼうと、不安を煽っているだけじゃないのか。だいたい、そのデータとやらも、もっともらしい結論も、一〇〇%正しいと保証できるのかね」

なんたる大迫力。敵ながらあっぱれである。

平和な現状を覆すような話を聞かされると、人は誰しも「まさか」と否定したくなるものだ。少なくとも疑わしく感じ、「ちょっと待て」と言いたくなるだろう。だがノーノーの態度は、どうみても「疑問を抱き態度を保留する」というような控えめなものではない。何か新しい考えに対してしかるべき疑義が提出されるのは、けっして悪いことではない。懐疑的な視点に立って吟味すれば、むやみな熱狂や衝動的な行動に走るのを防げるというメリットがある。また疑問を抱き、調査し、熟慮の末に納得した人は、今度は一転して強力な支持者となり得る。だがノーノーのような変革否定論者はそうではない。現状を変えようとする主張をことごとく頭から否定し、どんな手段を使ってでも改革派の信用を失墜させ、計画を頓挫させようとする。

たとえたった一人であっても、この手の否定論者は一般に考えられているよりはるかに危険で厄介な存在である。対応を誤ると重大な結果を招きかねない。

仲間に入れるのは時間の無駄

頑固な否定論者に遭遇したとき、よくとられる対応策は二つある。だが残念ながら、どちらもほとんど効果がない。

その第一は、仲間に引き入れることである。

ここでは、評判のいいある中堅コンサルティング会社の例を紹介しよう。同社の代表はジェリー・ブラックバーン。このコンサルティング会社はシックスシグマを中心とする品質改善・工程管理に特化して業績を順調に伸ばし、この分野ではトップスリーに数えられるまでになった。

ところがある日ブラックバーンは、最も信頼しているシニアパートナーから気がかりな情

column

懐疑論者と否定論者はここが違う

	懐疑論者	否定論者
過去の事例	過去にうまくいったから今度もうまくいくとは考えない。	過去の失敗例を挙げて変革を阻止しようとする。
情報収集	信頼できる情報が十分にないときに態度を保留する。	本心では裏付け情報など望んでいないが、公の場では、行動を起こすにはもっと情報が必要だと執拗に主張する。
情報分析	おおむね論理的に分析するが、リスクを警戒するあまり、大量のデータを集めないと安心できない。	自分に都合のいいデータだけを選んで現状維持の論拠とする。
積極性	自ら動くことはあまりなく、「納得できる論拠を示してくれるなら賛成してもいい」と考えている。	自ら攻撃を仕掛け、表でも裏でもさかんに破壊工作を行う。
影響力	周囲をうんざりさせる。変革の足を引っ張ることもあるが、むやみな熱狂を抑止する役割も果たす。	現状肯定を助長させる。不安を煽る。変革に向けた行動を邪魔し、危機感に水を差す。きわめて危険な存在になり得る。

報を知らされる。シックスシグマの導入はすでにピークに達し、新規導入企業の数は下降に転じているというのだ。そしてこのシニアパートナーは強く主張した――つい最近、ある大手有望企業がわれわれの提案を却下した。いったいなぜなのか、これから一緒に行って理由を聞こう。また、このところ取引が減ってきた顧客二社とも話す方がいいのではないか。ブラックバーンは同意し、二人はそろって出かけた。

なじみ客回りをしていろいろ話を聞いた結果、二人は憂鬱な結論を下さざるを得なかった。シックスシグマ関連の需要は明らかに縮小傾向にある。多くの企業経営者がいま関心を示しているのは、他のマネジメント・ツールなのだ……。ブラックバーンはただちに経営チームを招集すると状況を説明し、そして強い口調で呼びかけた。いますぐ各人が動いて担当の顧客と話し、いま説明した私の感触が正しいかどうかを確かめてほしい。もし正しいとわかったら、今後成長余地があり、願わくはわれわれの知識や経験を生かせるような新分野を見定める必要がある。新しい分野で経験を積み、信頼を勝ち得、ライバルを追い越すには時間が必要だ。だから、まだ業績がしっかりしているいまのうちに行動を起こさなければいけない。さもないと、数四半期のうちに収益が落ち込みかねない。そうなったらボーナスはなくなってしまうだろうし、優秀なコンサルタントほど転職してしまう危険が高い。また長期的には、競争に取り残されることになりかねない。

チームの面々は驚愕した。話の内容にももちろん驚いたが、ブラックバーンの口調にみなぎる並々ならぬ確信に感銘を受けたのである。このためその後の討論では、ブラックバーン賛成派がやや優勢だった。しかし圧倒的多数とは言えず、懐疑的なメンバーも少なからずいた。

会議時間が残り一〇分となったとき、ある古株のコンサルタントが鋭い調子で意見を述べる——よもやお忘れではないと思うが、五年ほど前、ここにいる何人かは、市場はもはやピークに達したと言ったのではなかったかね。だが、その後もわれわれの事業は拡大を続けた。それから、経営戦略専門のコンサルタント会社が二社ほど、シックスシグマはもう時代遅れだと指摘したこともあった。だがわれわれは、いまなお顧客から高い評価を受けている。それに、だ。ジェリーはしきりに大変だ大変だと言うが、ほんの数社と話しただけじゃないか。これでは信頼できる情報とは言いがたい。いまわれわれにとって大事なのは、現在のお客さんを満足させることだろう。いま抱えている契約の誠実な遂行を最優先すべきではないか。そんな無駄な心配に時間を割く余裕はないはずだ。会議室の空気が動いたところで、古株氏はだめを押した。この件を中堅や若手に話すのには断固反対する。いたずらに混乱を引き起こしても何の意味もない。彼らは動揺して転職を考えたり、会社への忠誠を失うかもしれない。そうなったら非常に危険だ……。これでチームの大半が古株氏に同調してしまい、その流れのまま会議は終了した。

落胆したブラックバーンは、その日のうちに、最初のシニアパートナーともう一人信頼できる同僚を呼んで作戦会議を開く。あの古株氏は手ごわい相手だという点で三人の意見は一致し、今後どうすべきかをあれこれ検討した末に、「調査委員会」を設置するという案がまとまった。委員会のメンバーは五人。自分たち三人のほかに、公正で社内の信頼篤いパートナー一人と、例の古株氏を加える。野放しにしておくより仲間に引っ張り込んでしまう方がましだろう、との判断からだった。

ブラックバーンとしては、二カ月ほどの間に五、六回集中的に委員会を開き、事態が深刻かどうかを見きわめて、新分野開拓の方向を固めるという腹づもりだった。だが実際には、古株氏が「大変申し訳ないが非常に忙しい」ため、話し合いが持たれたのは月一回に過ぎず、しかも半年たっても意見は一向にまとまらない。古株氏は慇懃に、しかし執拗に自分の主張を繰り返し、他のメンバーの論拠や分析の弱点を鋭く突いた。取引を打ち切られた顧客から事情を聞いてみると約束はしたものの、「突発事故」やら「やむにやまれぬ事情」やら「スケジュールの調整ミス」やらで、顧客とのミーティングは一度も実現しない。他人が集めたデータにけちを付けることにかけては天才的で、「対象範囲が狭すぎる」「質問が誘導的だ」「これこれが前提になっているが、その前提は絶対に正しいと言えるのか」等々、容赦がない。

しかも、調査委員会にとられる時間が無駄だ、現在抱えている顧客への注意がおろそかになるのは本末転倒だと言い続けた。

これでは話し合いとは名ばかりの平行線で、徒労感が募るばかりである。何度目かの会合の後、ブラックバーンは信頼できる同僚に意見を求めた――あの目障りな古株を会社から放り出してしまおうか。退職金をたっぷり用意してお辞めいただき、表向きはもっともらしい理由をでっちあげる。そうすれば万事うまくいくだろう。だが同僚は、そいつは危険すぎると指摘した。古株氏は目下社内でいちばん大きなプロジェクトを進めており、それはいまのところうまくいっていて、顧客もたいへん満足しているのだ。

結局ブラックバーンは目先の仕事にかまけがちになり、調査委員会はだらだらと続くだけになった。思い出したように集まっては無益な話し合いを繰り返すという状態が一年半ほど続いた頃、創業以来初めて、収益が横ばいになる。時を同じくしてビジネスウィーク誌が、ある小さなコンサルティング会社の話題を大きく取り上げた。この会社は新しいマネジメント・ツールを開発し、年率五〇％の勢いで業績を伸ばしているという。あからさまな指摘はしないものの、ブラックバーンが後手に回ったと執筆者が考えていることは明らかである。古株氏を仲間に入れる作戦は遅れと苛立ちを生んだだけで、それを取り返すことはついにできなかった。

変革否定論者は危機意識を冷笑し、行動をことごとく邪魔立てし、挙げ句の果てに組織を窮地に追い込む。このタイプを仲間に引き入れるのが最善手と思われるケースや、現実的な選択肢はそれしかないと思われるケースがあるかもしれない。だがブラックバーンの例からもわかるように、うまくやるのはまず不可能である。議論を滞らせ行動を阻害し進行を遅らせることにかけては、彼らは抜群の能力を備えている。同じ道を歩くのは無理だとわかるときが、いつか必ずやってくる。そうなると当然ながら、チームから外すか、それとも組織そのものから締め出すのか、という問題が出てくる。事態がそうなったら、多くのリーダーは断固たる措置を講じたいと考えるだろう。だがさまざまな理由から、そう簡単にはいかないことに気づくはずだ。隠然たる勢力を誇っている、実績がある、当面の重要な仕事を抱えている、等々。それやこれやでリーダーは強硬策に踏み切れない。だがそうなると、悪い結末が待っているだけである。

否定論者を仲間に引き入れるのが合理的な戦略に見えるのは、彼らが変革を頭から否定しているのではなく、ただ疑問を抱いているだけだと思い込んでいるからだ。だから、疑問点さえ解決すれば納得し協力してくれると考えてしまう。あるいは、事を荒立てずに退場しておとなしくしていてもらううまいやり方が見当たらない、という場合もあるだろう。どうせ相手は一人なのだから、とりあえず仲間に入れておいて数の論理で圧倒すればよい、と考えがちだ。最後は多数決で押し切り、手も足も出ないようにできるだろう、というわけである。

だが残念ながら、そうは問屋が卸さない。なぜなら懐疑論者を相手にする場合とは異なり、否定論者には折り合いを付ける条件が根本的に欠如しているからだ。彼らは口で何と取り繕おうと、単に疑問点があるから態度を保留しているのではなくて、絶対に賛成すまいと心に決めている。だから、そもそも他人の意見を聞こうという気がない。多数決を認めず、多数派の意見をものともせず、最後の一人になっても妨害し、ありとあらゆる破壊工作を仕掛ける。その結果、貴重な時間が失われ、危機意識はいつまでたっても高まらず、組織は後手後手に回ることになる。否定論者とうまくやっていけると甘く見た人は、そう遠くないある日に必ず後悔することになるだろう。

村八分は下策

仲間に入れるのは時間の無駄だとすると、もう一つのアプローチとして考えられるのは、仲間外れにすることである。簡単に言えば、村八分にしてしまう。なるほど変革否定論者は危険で厄介な妨害者かもしれない。だが所詮たった一人なのだ。破壊工作と言っても高がしれている。これがいちばん現実的で賢い策だろう、というわけである。

あいにくなことに、村八分にしても相手は一向にめげない。その最大の武器は「口撃」である。心配性の人、変革推進派に悪意や怨恨を抱いている人、そしてなんとも皮肉なことに、どんな意見にも耳を傾ける度量の広い人を狙い撃ちし、しゃべりまくる。見方によっては正しいことが必ず含まれているのが、彼らの巧妙なところだ。曰く、「あの連中は心配しすぎだ」「危機を大げさに話す」「本来の仕事をおろそかにし、組織全体を危うくしかねない」云々。

われわれはこれまでうまくやってきた、これまで通りにやるのがいちばんだ、百歩譲って変革が必要だとしても、過激な行動は危険である、徐々に変えていくのがよい、というのが彼らの決まり文句である。そして、その理由をいくつも用意している。頭のいい変革否定論者は、相手の論拠に必ず弱点を見つけ出す。懐疑論者は、弱点が修正されてよりよい案になれば納得するが、否定論者は弱点をあげつらって変革そのものをぶち壊そうとする。彼らは不安を煽ることにかけては見事な腕前を持っており、長期的展望に基づく変革を敵視し、取り組む意欲を萎えさせる名人なのである。

変革否定論者は巧みに抵抗運動を組織する。正面衝突を避け、ゲリラ戦を仕掛けるのが彼らの得意技だ。エレベーターの中で、廊下ですれ違ったときに、打ち合わせを利用して、あるいは外で飲むときに、こまめに変革派の弱点を指摘し、不安感を煽る。あらゆる機会を逃さず延々とこうした工作を続け、ゲリラ戦でポイントを稼いでいく。

そうこうするうちに、会社は変革推進派対否定論者の内戦といった様相を呈してくる。そうなると本来の目的は忘れられ、内戦で勝利を収めることがどちらにとっても至上命令になってしまう。

まさにこれと同じことが、数年前ある大手メーカーで起きた。同社の社長は、業界のグローバル化が進んでいるにもかかわらず、自社の売上高の九割近くが国内向けであることを悩ましく思っており、国外進出が急務であると考えていた。売上げは緩やかながら伸びており、まだ危機が差し迫っているとは言えない。そこで、社長はまずぬるま湯気分の経営チームに活を入れ、海外展開の調査を始めようと決めた。ただし一つ問題なのは、製造担当副社長が筋金入りの現状維持論者だということである。われわれは圧倒的な国内シェアを誇る勝利者である、うろたえる必要などどこにもない、リスクを冒して国外に打って出るなどまったく無用だ、というのが彼の持論だった。君子危うきに近寄らずとばかり、社長はこの副社長を蚊帳の外に置き、五人の幹部を集めて国外進出を検討することにした。

五人は打ち合わせをし、続いて二〇人のマネジャーと会議を開く。そこでは、続々とアジア進出を果たすライバル各社の動向がくわしいデータとともに検討された。われわれは出遅れており、各社のアジアでの拠点が順調に機能し始めたら、完全に取り残されてしまうだろう。これ以上ぐずぐずしているわけにはいかない。すぐに手を打とう……。コンセンサスが醸成され、事態は進み始めたようにみえた。ところが、その後が続かない。意気込んで行動に移るはずだったマネジャーたちの動きが鈍いのに五人の幹部は業を煮やし、状況を調べ始め、そしていたるところで副社長の画策を発見したのだった。

仲間はずれにされた副社長は、じつは精力的かつ積極的に国外進出論議に加わっていたのである。社長ほど危機感を抱いていないマネジャーに出くわすと、早速その話題を持ち出す。そして、自分に都合のいいデータをさりげなく会話に織り込む。

「業界誌で見たが、A社のアジア事業は五〇〇〇万ドルの赤字だそうだよ」

「ニューヨークタイムズ紙の記事を読んだかね。インドでは貧富の差が拡大して不穏な情勢らしい。あそこで新事業を立ち上げるのはむずかしいだろうな」

性急に行動を起こすのが危険だと付け加えるのも忘れない。

「たしかに、いずれ国外進出をすべきなのはまちがいない。問題は時期だよ、時期」

そして、会社が堅実な業績を維持していることを強調する。

「既存市場でまだ成長余地があるというのに、貴重なリソースを投じて不確実性の高い冒険に乗り出すのは、正しい経営判断と言えるだろうか」

頭のいい副社長は相手の言い分も認める発言を慎重に織り交ぜ、自分が煽動者であるという尻尾をつかませない。

column

危険な存在「ノーノー」

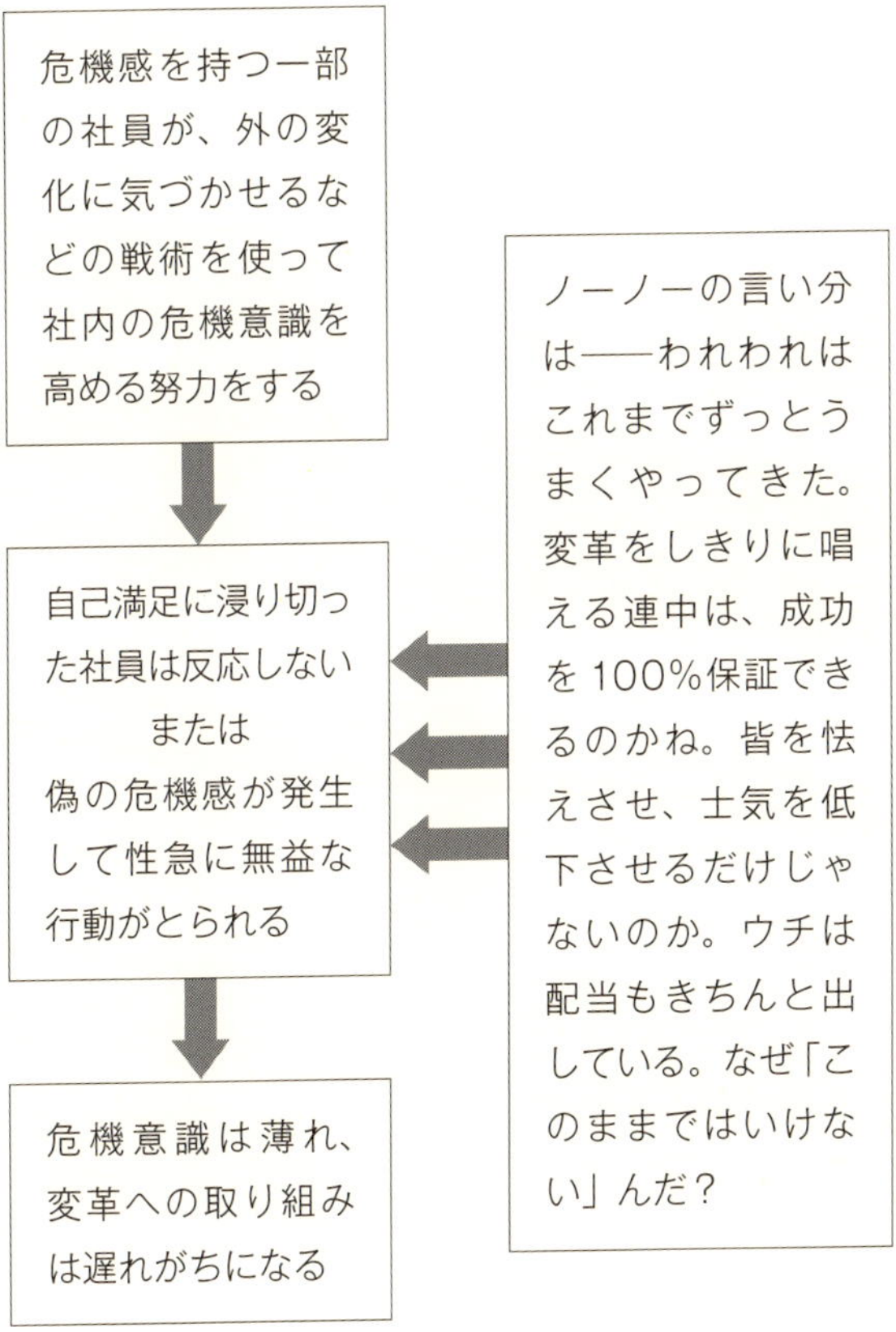
危機感を持つ一部の社員が、外の変化に気づかせるなどの戦術を使って社内の危機意識を高める努力をする
自己満足に浸り切った社員は反応しない
または
偽の危機感が発生して性急に無益な行動がとられる
危機意識は薄れ、変革への取り組みは遅れがちになる
ノーノーの言い分は——われわれはこれまでずっとうまくやってきた。変革をしきりに唱える連中は、成功を100%保証できるのかね。皆を怯えさせ、士気を低下させるだけじゃないのか。ウチは配当もきちんと出している。なぜ「このままではいけない」んだ？

「彼らの指摘は正しい。他社がアジア進出に力を入れているのは事実だ」。

そして数字を突きつける。

「だが、だからと言って危機だと騒ぐのは、見当違いだ。頭を冷やして考えてみるといい。国内の利益率とアジアで今後五年間に上げられる利益率を比べたら、どうなると思うかね」。

神出鬼没の副社長に、いちいち反論することはできない。社長や五人の幹部がいないところで、副社長は進出不要論を巧みに形成していった。

策略に長けた否定論者は平社員でもそれなりの力を持つものだが、副社長ともなれば、その影響力は組織全体におよぶ。だから、変革推進派を困らせ、弱体化させ、窮地に追い込むことも容易にやってのけられる。理性的に考えれば、そのような妨害行為をするのは副社長自身のためにならない。頭がいいのだから、データや事実を分析すれば、事態を放置すると会社が行き詰まり、自分のキャリアが危うくなりかねないことが理解できそうなものである。だが否定論者は理性的に考えた末に行動しているのではない。変化は危険だという思い込み。変革に対する本能的な不安。あるいは指揮を執るのは自分だ、自分をのけ者にした連中が成功するのは許せないという怒りと嫉妬。はっきり意識していないにせよ、彼を突き動かすのはそうした感情である。

否定論者を村八分にしたくなる気持ちはわかる。「関わり合いになっていたら膨大な時間をとられてしまう。うかうかすると、あの男に対応するだけで一日が過ぎ、仕事どころではなくなるかもしれない。触らぬ神に祟りなし」というところだろう。だが多くの事例を見ると、村八分にするのは上策ではないことがわかる。

攻略法1　邪魔者を邪魔立てする

では、何かと邪魔立てする厄介な変革否定論者がいたら、どうすればいいのか。攻略法は三つある。第一は、こちらから邪魔者を邪魔してやり、何もできないようにすること。第二は、きっぱりと組織の外に追い払うこと。第三は、彼らの行動を白日の下にさらし、周囲の圧力でやめさせることである。

それでは、第一の攻略法について説明しよう。邪魔をするやり方はいろいろある。差し迫った危機とは無関係な仕事を命じる、監視役と組ませる、大量の仕事を与えて身動きがとれないようにする、などだ。どれも実際にやった企業があり、効果のあることが確かめられている。

たとえば、ロンドンに本社を持つある金融機関のCEOスティーブン・オマリーは、この攻略法で敵を無力化することに成功した。ひどく時間のかかる任務を与え、上海に長期出張させたのである。ある融資先の経営状態が思わしくないので監視する、というのがその任務だった。

「あの会社の経営規律を回復させる必要がある。君はその方面のエキスパートだから適任だ。大変だがよろしく頼む」

エキスパート氏としては全然うれしくないが、ＣＥＯの言うことはもっともであるし、逆らうことはできない。次にオマリーは上海にも手を打った。同地にいる腹心の部下を呼び出し、

「このところ本社はどうも自己満足し切っている連中が多い。新しい試みに対して何やかやと理由を付けては反対する。今度上海に行く男もその傾向があるから、惑わされないようにしてくれ」

と話す。危険人物とまでは言わなかったが、不安感を煽ったり本社に攻撃を仕掛けたりしないよう注意してほしい、ということははっきり伝える。せっかく本社から現地に張り付かせるのだから、政府との折衝や顧客とのトラブルなど、何か問題が起きたらどしどし使ってくれ、とにかくヤツを忙しくしておいてほしい……。

聡明な部下は事情を察し、言われたことを完璧に実行した。上海での仕事は長引き、途中でロンドンに戻ろうとすると何かと阻止される。ヨーロッパから出張してきた連中に働きか

けてはみたが、効果のほどは知れていた。オマリーの作戦は見事に当たったのである。

この邪魔立て作戦を実行するときは、徹底的にやることが大切である。ときどき邪魔立てする程度では効果は上がらない。のべつ邪魔しなければいけない。また、人為的にでっち上げた問題ではなく、実在する問題に取り組ませることも肝心だ。ありもしない問題を捏造したら、悪意をもって人を操ったことになり、のちのち重大問題や不祥事に発展しかねない。

この金融機関のケースでは、邪魔立て作戦が功を奏するまで事態は絶望的な様相を呈していた。社内の意欲満々の若手たちはことあるごとにエキスパート氏に妨害されて、すっかり意気阻喪していた。あの上司が居座っている限り、新しい試みは次々につぶされてしまうだろう……。しかもオマリーはこの作戦を採る前に、村八分作戦を試みて失敗している。彼らはオマリーがエキスパート氏をクビにしてしまえばいいのにとさえ思っていたが、そうする気配がないので落胆していた。ついにはライバル企業への転職をほのめかす若手も出てくるありさまだったのである。しかし邪魔立て作戦が成功したおかげで、オマリーの会社は優秀な若手を失わずに済んだ。そして、苛立ちと欲求不満は未来への変革をめざす建設的な意欲に変わる。同社はこうして新しい機会に果敢に挑むようになっていった。

攻略法2　追い払う

　変革否定論者を組織の外に追い払う作戦は、まことに単純明快である。まずは正面切って衝突する。そのうえではっきりと宣言する。

「われわれは意見が一致しない。これは組織にとってまったく好ましくない。意見を変えるか、出て行くか、選んでくれ」

　否定論者は口で何と言おうと意見を変えることはまずないから、あとはきっぱりと解雇すればよろしい。上海へ長期出張させるといった手段を講じるにはおよばない。左遷か降格を提示し、その一方で魅力的な早期退職勧奨制度の適用を提案する。相手が抵抗しても、どちらかを選ばざるを得ないように仕向ける。

　しかし、解雇や左遷や半強制的な退職がおいそれとできないような環境であれば、同等の効果を持つ他の方法を考えなければならない。欧米の経営者は、必要に迫られて、あの手この手の合法的な措置を開発してきた。たとえば、組織再編を行って否定論者の居場所を事実上なくしてしまうことなどは、その一つである。この組織再編が正当な理由によるものであれば、あとで倫理や人権が問われる事態になったときも、何ら恥じるところはない。そもそも何百何千の社員の生活を危うくするような行動をとる輩に、なぜしかるべき仕事を与えなければならないのか。

だが実際には多くのリーダーは、解雇はリスクが大きすぎると考えて二の足を踏む。だから、解雇が真剣に検討されるケースはあまりない。問題の輩が有力なお友達をたくさん持っていたり、解雇までの持って行き方がまずかったりすれば、たしかに訴訟など厄介な問題が発生しかねない。長年働いた社員に対してあまりにむごい仕打ちだと思われたら評判を落とすし、実際にそうだと法的判断を下されたら大問題である。だが究極の選択は、はっきりしている。危機意識に水を差し、先見的な行動を妨害し、会社の未来を危うくするような輩を容認するのか。それとも、当面は不快であろうとも、敢然としてしかるべき措置をとるのか。残念ながら、不快なことをやりたがらない経営者が多すぎるようである。

攻略法3　周囲から圧力をかける

第三の攻略法は、小粒の変革否定論者によく効く。穏当なやり方で彼の行動を大勢に知らしめ、あとは周囲からの圧力に委ねる。

従業員三〇〇人のある中堅メーカーでは、こんな試みをした。社長が『カモメになったペンギン』の読書会を開き、小グループに分かれてディスカッションをしたのである。ペンギンが主役のお話を読んでの集まりだから、何とはなしに和やかだ。「変化する環境でわれわれは何をすべきか」といった講演会よりずっと気楽で、討論は大いに盛り上がった。帰り道、部長秘書を務める女性社員がウォルマートでかわいらしいペンギンのぬいぐるみを買い、翌日それを会社に持ってきてデスクに飾った。ペンギンの首からは「○○はノーノーです」と書かれた名札が下がっている。彼女が昼食から戻ってくると、その名札にある役員の名前が書き込まれていた。その日の午後中、この女性のデスクの横を通る人は名札に目を留め、ゲラゲラ笑い出したり、なるほどと頷いたりする。当の役員にもこの話は伝わり、本人がやってきて名札を眺めた。秘書嬢は困惑して訴える──「書いたのは私じゃありません。誰がやったのかもわからないんです」。役員氏は苦笑いするしかなかった。翌日になると、もう一人の役員の名前が書き加えられていた。このときもご本人が名札を見に来たが、こちらはむっとした様子でにこりともしない。だがとにかく、守旧派の存在は明るみに出されたのである。いまや大勢の社員が、改革派の試みを妨害しているのはこの二人だという、うすうすわかっていた事実をはっきりと知った。そして、彼らが同僚や友人や上司に話すのを止めることは誰にもできない。

表面的には、ペンギンの話に絡めて軽い調子で頭の固い役員を揶揄する会話が多かったけれども、笑いの中には真剣なメッセージが込められていた。そのメッセージはCEOにも届いたし、二人の守旧派にも届いた。言わば、二人は公然と指名手配されてしまったのである。これで、妨害行為は大幅にトーンダウンした。たとえば経営委員会で反対意見を口にしようとすると、必ず誰かがにやにやしながら「おお、ノーノーさんのお出ましだ」などと言い、爆笑が巻き起こる。これでは強硬な主張などできるものではない。

二人の役員が本音を変えたのかどうかはわからない。だが少なくとも建前は変わった。もし彼らが筋金入りの守旧派だったら、たとえば犠牲者を装って同情を買い、しぶとくゲリラ戦を続けるという挙に出たかもしれない。だが彼らは幸いにもそこまで強気ではなかった。それに、名札に名前を書かれたり「ノーノーさん」とからかわれたぐらいでは、同情を引くのはむずかしい。結局二人は改革に賛成はしないが反対するのもやめ、妨害行為は打ち止めとなった。この一件の殊勲者は、ぬいぐるみを買ってきた女性だと言えるだろう。

〈この章の校正をしている最中に、驚くべき偶然が起きた。友人から来たメールに、こう書いてあったのだ――「ドイツで君のペンギンに出くわしたよ。経営チームがマネジャー全員に君の本の要約を配り、〈ノーノーになるな〉を予算・事業計画会議のモットーにしたんだ。そうしたら石頭の連中は、自分がノーノーだと名指しされたくないものだから、狼狽していた」。彼はフランクフルトにいる。先ほどの中堅メーカーはニュージャージーだ。否定論者

の問題とその解決法は、国や文化とは関係がないことがわかる)

最後に、頑強な変革否定論者に関して肝に銘じておくべき事実を二つ挙げておこう。一つは、うれしくない事実。彼らは思いのほか手ごわい。現状肯定論を後押しし、危機意識に水を差し、未来に向けた行動を妨害することにかけては超一流である。絶対にみくびってはならない。繰り返しになるが、否定論者と懐疑論者は似て非なるものである。懐疑論者は、疑問に対して明快な論拠を挙げて説得すれば賛成に回る可能性があるが、否定論者はそうではない。また、懐疑論者の存在は軽率な熱狂や衝動的な行動をひとまず鎮める効果があり、その意味では望ましくもある。だが否定論者はまったく望ましくない。彼らは懐疑論者とは別種のきわめて危険な種族だということを、ゆめ忘れてはならない。

もう一つは、うれしい事実である。いかに頑強な否定論者といえども難攻不落の砦ではない。有効な三つの攻略法がある。たとえば、GEは二〇世紀最後の四半期に不可能と思われていたことをやり遂げたが、その第一歩は否定論者の無力化にあった。嘘ではない。当時私は同社について調査していたので、内情をよく知っている。GEの従業員のうち「ノーノー族」は全体の五%程度かもしれないが、一人ひとりが数百人を煽動する可能性がある。だが変革を決意した社員はめげなかった。三つの攻略法を駆使して的確に対処し、社内に淀んでいた現状肯定論を排除し、危機意識を高めていった。その結果、医療機器事業では目を見張る発明が相次ぎ、航空機事業では大気汚染も騒音も少ない新型エンジンの開発に成功し、金融サービスグループでは革新的な手法が導入され、NBCでは人気番組が続々登場。そして、誰もが予想もしなかったような投資利益率を達成している。だから、否定論者をみくびってはならないが、むやみに恐れる必要もないのである。

まずはノーノー族の存在を突き止める。その危険性を十分に認識し、役に立たない二つの方法を試す愚を避ける。あとは恐れずに攻略法を適用することだ。一つでもいいし、二つでも三つでもいい。変化に適応する二一世紀型企業をめざすなら、変革否定論者に屈していてはいけない。

第八章

危機感を友として

高い危機意識をずっと維持することができたら、その企業は「高業績製造会社」になれるだろう。そう、まさに『ビジョナリー カンパニー』(ジム・コリンズ、ジェリー・ポラス著、日経BP社)で主役を演じる企業群のように、あらゆる予想を上回るような投資リターンを上げ、イノベーションを次々に生み出し、誰も想像もしなかったようなすばらしい製品、すばらしいサービスを供給する企業。社員の誇りは高く、士気は高く、意欲も高い。それにふさわしい報酬も用意される。すべてが好循環に回る……。だが長期にわたって危機意識を維持するためには、まずその種を蒔き、まっすぐに育てなければならない。それだけでなく、毎日水をやり、必要に応じて養分を与えることが必要である。

危機意識というものは、放っておいてもぐんぐん育ち、毎年花を咲かせ実を結ぶというわけにはいかないのだ。企業の土壌にそれがしっかり根付いていれば別だが、そういう企業はごく稀である。それに、危機意識が深く根を下ろしている企業であっても、たびたび大嵐に翻弄されるようなことがない限り、やがてはじわじわと安定と満足に侵されていく。簡単に言えば、こういうことだ。危機感は成功につながる。そして成功は自己満足につながるのである。

一生懸命がんばってまごうかたなき大勝利を収めたときが、いちばん危ない。危機感とは最も無縁の瞬間だからである。ああ大変な時期は終わった、もう苦労しなくてよいのだ、前回の失敗はこれで帳消しになった、ウチの会社にもようやくツキが回ってきたのだという気持ちが芽生える。大成功の後では、危機感は満足感に席を譲る。満足してしまったらそれ以上の成長が見込めないのはどの時代も同じだが、変化の激しい現代では、この言葉はまさに金言である。

消えた危機感

とある家具メーカーのある事業部の話をしよう。この事業部は赤字続きであり、しかもその赤字は増える一方である。景気が低迷し住宅建設が伸び悩む中、家具の売れ行きは下落の一途をたどっていた。新米部長はなんとかしようと躍起になるが、生え抜きの社員たちは、住宅不況なのだからどうしようもない、家具業界全体が不調なのだとあきらめている。だが新米部長はあきらめなかった。どのメーカーもだめになっているわけではない、不況下でも着実に業績を伸ばしているメーカーはある、このままでは取り残されてしまう……。新米部長は危機感を持たせることに成功し、トップチームを編成し、新しいビジョンと戦略を掲げ、やる気を失っていたマネジャーたちを奮い立たせた。続く三年間、この事業部は製品ラインを整理し、有力な小売店との関係を改善。「よい製品をつくりさえすれば売れる」という姿

成功は危機感を駆逐する

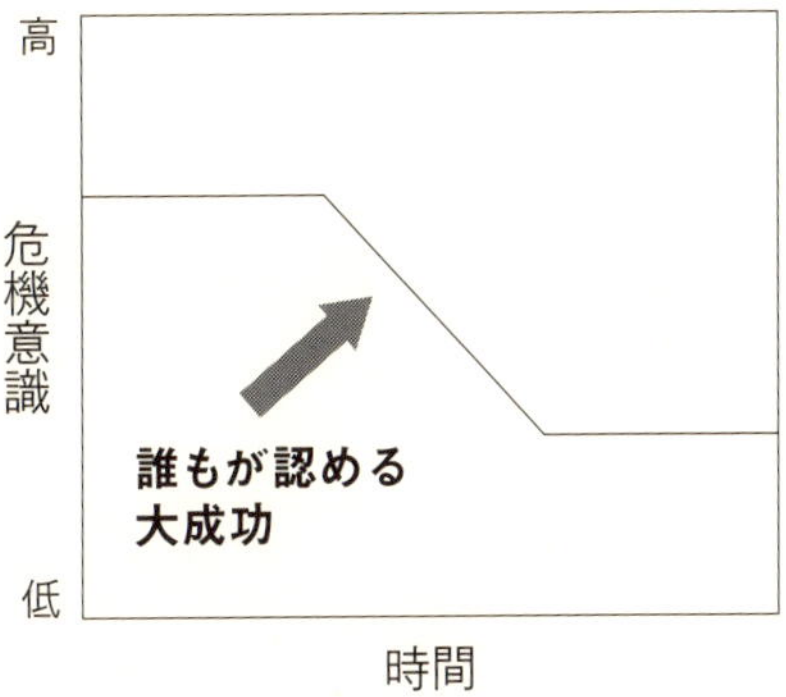

勢から「ニーズを理解して製品を開発する」という方針に転換する。また不要な手続きや慣行を大胆に切り捨てた。苦労は多かったが、部内は一丸となり、知恵を出し、力を合わせた。こうした努力が実を結び、新戦略がスタートしてから一年半後、ついに黒字転換に成功する。

次の四半期の業績も上々だった。部内では勝利宣言が飛び出す。もう危機は脱したのだ。家具業界はまだ悪戦苦闘しているが、ウチの会社は見事に一発逆転に成功した。誰もがそう思い、少ない給料でがんばったのだから、ひとつボーナスをはずんでもらいたいものだと考える。そして残業や出張を減らし、さっさと家に帰る社員が増えた。こうして危機感はあっという間に薄れていった。

事業部長もCEOも成功を喜び、誇らしい気持ちだったのは同じである。だがこの二人は満足してはいなかった。戦略担当の重役から、黒字転換だけでよしとするな、もっと上をめざせとハッパをかけられた経緯もあった。事業部の成功、すなわち純利益、利益率、キャッシュフローの改善は、第一段階の終了を意味するに過ぎない。まだまだ先がある。より収益性の高いハイグレード商品の開発、そして夢の全国展開……。

事業部長は第二段階の戦略を華々しくぶち上げる。マネジャーを集めて、次には全員を対象に、戦略会議が開かれた。次にめざすのは何か。なぜそれをめざすのか。目標年度はいつか、事業部長は熱く語りかける。だが今度は、彼の言葉は部下の胸に響かなかった。多くの社員が真剣に聞こうとしなかったし、聞いても反応を示さなかった。

そもそも会議に出てこない社員も少なくなかった。どうせ退屈なだけで何の役にも立たないと考えたからだ。その結果、全国制覇をめざすわくわくするような第二段階の戦略は、十分に浸透しなかった。赤字だった事業が見事に黒字になったいまとなっては、事業部長の情熱的な呼びかけはうるさい叫びに過ぎない。万事うまくいっている、いったい何が不満なのだ、売上げも利益も増えているじゃないか……。もちろんまじめに会議に出席し、戦略をじっくり吟味した社員もいる。そして反論した。全国制覇は結構だが、リスクがあるのではないか。だがわれわれは、取り残されるリスクをなくそうと、必死の努力を続けてきたのではなかったのか。われわれはそれに成功したのではないのか。これ以上何を求めるのか。そして彼らの怒りの矛先は事業部長へと向かう。ウチのボスはどこまでやれば気が済むのか。われわれはボスの言う通りにがんばったのに、まだ不満なのか。経営陣の前で大風呂敷を広げ、非現実的な約束をしてきたのではないのか。もう、たくさんだ……。

こんな具合であちこちに危険な徴候が現れていたのに、事業部長もCEOもそれを見逃してしまった。二人とも、全国進出とハイグレード商品の開発を組み合わせた新戦略を練るのにすっかり夢中になっていたからである。考えれば考えるほどすばらしい戦略で、気乗り薄の人間がいるなど思いもよらなかった。野心的な目標。しかも願ってもないタイミングだ。黒字が続いているから、予算も潤沢にある。人集めもたやすい。これでますます競争優位に立てる、というわけである。戦略は練り上げられ、実行計画に落とし込まれ、予算が編成され、人員が補充された。こうして、とにもかくにも第二段階が始まる。

一年半後、計画は頓挫した。一部の賢明な社員は、これが野心的だが時宜に適ったよい戦略であることを理解したし、トップチームは熱心に取り組んだのだが、いかんせん大多数の社員はとんとやる気がなかった。「もう十分やった、これでいい」という満足感と「失敗するかもしれないようなことになぜ手を出すのか」という反感が支配的になってしまったからである。事業部長は苛立ち、情熱は空回りし、とうとう失望して転職した。最も頼りになる部下であり目標をともにする同志を、CEOは失ってしまったのである。失意の二人は知らなかったけれども、じつは似たような話はどこにでもある。

■最初の成功に潜む危険

大胆な新しい戦略、イノベーション、高度なITシステムの整備、生産現場への最先端技術の導入……。こうした大きな目標は、節目節目の小さな成功なしには達成できるものではない。取り組みを始めてからしかるべき時期、それもなるべく早い時期に目に見える成果が上がるからこそ、そのビジョンの正しさが証明され、信頼を勝ち得ることができる。思いのほか早い時期に成果が上がれば、懐疑論者は支持者に変わる。そして否定論者は力を失う。小さな成功を喜び合うことで苦労は報われ、「やればできる」という気持ちが湧いてくるだろう。反対にいつまでたってもこれといった成果が上がらないようだと、たいていの人は「こんなにがんばっているのに」とむなしさを感じ、徒労感に襲われ、意気阻喪する。懐疑論者はますます懐疑的になり、否定論者は「そらみたことか」とばかりパワー全開になる。

だから、早い時期の成果は必要不可欠である。ではあるけれども、それはそれとして大きな問題でもある。より大きな最終目標を達成するために必要な、あるいは、長期にわたって高業績を続けるために必要な危機意識を、維持するのがむずかしくなるからだ。もちろん、大きなビジョンはまだ実現されていない、やるべきことはまだたくさんある、とわかっている人もいる。この先にはもっとたくさんのチャンスがあると意気込む人もいれば、さらに努力し競争優位を固めなければすぐに追いつかれると懸念する人もいるだろう。だが残念ながら、たいていの場合こうした人は少数派である。多数派、それもだいたいは圧倒的な多数派は、最初の成功で満足してしまう。しかも悪いことに、満足したことに気づかない。彼らは無意識のうちに安堵し、力を緩める。危機は乗り越えたと考え、新たなチャンスに興味を失い、変革の必要性を感じなくなる。「もうがんばらなくていい」と思ってしまう。

こうして自己満足に陥って危機感が薄れ、大きな目標をめざす勢いが失われてしまうと、再びそれを盛り上げるのは最初のときよりはるかにむずかしい。たとえば、雨の中でバスがエンストを起こしたとしよう。乗客に手を貸すよう説得するのは難事業である。乗客の中には全然急いでいない人もいるだろう。ぬくぬくと暖まってiＰｏｄを楽しみ、そのうち何とかなるだろうと悠然と構えている。その一方で遅刻しそうだと苛立っている人がおり、運転手とバス会社の責任だと息巻いている。また中には、われわれ乗客が手を汚す必要はない、バス会社が人を派遣してエンジントラブルを直すか、でなければ代替バスをよこして乗客を運べばいいと考える人もいる。こうした状況の中、運転手は説得にこれ努める。泣き落とし（お客様の中に、お母上の手術に駆けつける方がいらっしゃるのです）、理屈（代替バスが到着するまでに、ゆうに二時間はかかります）、あるいは鼓舞（力を合わせれば大丈夫、すぐ動きます）。努力の甲斐あって乗客は重い腰を上げ、降りそぼる雨の中へ出ていく。そして全員が力を振り絞り、うんうんうなりながらバスを押す。バスはのろのろと動き出し、クラッチがつながり……エンジンが回り始める。やり遂げたのだ。歓声が上がり、皆大満足で再びバスに乗り込む。どうだ、俺たちは巨大なバスを動かしたんだぞ。今晩早速友達に自慢してやろう。肩をたたき合って盛り上がり、誰かがジョークを飛ばしてバスの中は爆笑に包まれる。ところが何ということだろう、二、三〇キロ走ったところでまたまたエンジンが止まってしまった。こうなったら、乗客にもう一度降り、雨の中で力を振り絞る気にさせるのがいかにむずかしいかは、容易に想像がつく。

二度目、三度目のチャレンジ

一度落ち込んだ危機意識のレベルを引き上げるのは、たしかにむずかしい。だがけっして不可能ではない。そのための対策は三つある。第一に、成功の後では危機感は薄れやすいと知っておくこと。第二に、それを食い止める方法をあらかじめ理解しておくこと。そして第三に、その中から適切な方法を選んで適用することである。

第一の点は、読者はすでに知った。第二については、この本の中ですでに紹介してある。心に訴える。外を内へ呼び込む。日々の行動で示す。危機を好機と捉える。否定論者に賢く対応することだ。これらを上手に応用すればよい。ただ短期的な成功や小さな成功を収めた後には、とくに注意すべき点がいくつかある。危機感が薄れないよう何度も粘り強く手を打つ必要があること、以前にとった策の効果を見きわめて、新たな手を繰り出す必要があることだ。

たとえば、年次総会に顧客を招待してもさほどインパクトがなくなったら、別の手だてを考える。事業部の経営会議に招くとか、経営幹部ではなく技術者を招くとか、もっと気楽に本音を話せる会に招くといったことが考えられるだろう。古なじみの顧客の中に自己満足に陥って失敗した経験のある人がいたら、来て体験談を話してもらうのも悪くない。社員が興味を持ちそうな新しい試みを、思い切ってやってみることだ。製品の企画会議に顧客を呼ぶ、などはどうだろう。

また、社員に大学での研修を受けさせたことのない企業であれば、試してみてはどうだろう。新しい試みをするということ自体に関心を高める効果があるし、知識社会に取り残されまいと会社が真剣に取り組んでいることが伝わるはずだ。

外を内に呼び込むことに関しては、七つのノウハウのうちまだ試していないものをやってみよう。もちろん、何か新しい方法を採り入れるのもよい。たとえば製品のシェアに関するデータは、シェアがひどく小さいときであれば衝撃的だが、だんだんに大きくなってくるとインパクトが薄れる。そうなったら、別のショッキングなデータを発掘する必要がある。「ウチはA+だ」とみんなが思っているのに実際はB+程度だったり、いつの間にか新参企業がAAAになってしまったというようなデータがあれば、うってつけだ。

「このままではいけない」というメッセージを発信することが次第に不快と受け止められるようになったら、ただちに中止すべきである。お題目のように同じセリフを繰り返していないだろうか。同じようなメールを何回も送っていないだろうか。的確な質問を一言発し、「明日までに返事を待っている」と言う方がよほど効果的な場合もある。

危機的状況をつくり出すのが効果的と思われるならそうしてもよいが、「またか」と思われないよう細心の注意を払う必要がある。たとえば製品開発グループが過去の大ヒットで自信過剰に陥り、二番煎じのようなアイデアばかり出してくるようなら、あえて却下せず挫折感を味わわせるのも一つの手かもしれない――もちろん収益や評判に大打撃を与えなければの話ではあるが。

最初の成功を収めた後も変革否定論者がしぶとく邪魔をするようなら、断固たる処置を講じる必要がある。成功によって自分の正しさは証明されたのだから、放っておいても力を失うだろうと高をくくってはいけない。また、始めは油断をしていた相手が、最初の成功を目の当たりにして恐慌を来し、逆襲に転じる例もある。相手は必死だから注意しなければいけない。

これまでに試みたことの中でとくに効果的だった作戦は、さらに強化して続行するのも一法である。たとえば会議の最後に「次にやること」を確認する習慣を、あらゆる会議で徹底する。お手本としての自分の行動を示すため、世界各国の支社を回る。テレビ会議を開いて全事業に呼びかける、などが考えられる。

そして一度落ち込んだ危機意識に活を入れるときも、偽の危機感を煽らないようよくよく注意することが必要だ。自分が苛立ったり怒ったりしては元も子もない。めざすのは最初の成功でも小さな成功でもなく、長期的な大きな成功である。つねにそのことを忘れずに行動しなければいけない。

先ほど私はいくつかアイデアを出した。このほかにも、まだまだいい案がきっとあるだろう。思いつくままにメモしよう。そして効果のありそうなものを選ぶ。選んだら迷わず実行することだ。

危機意識を保つ公式

それではここで、危機意識を保つことに成功した事例を、社長自身の言葉で紹介しよう。これは、『ジョン・コッターの企業変革ノート』からの抜粋である。

われわれの会社は廃業に追い込まれかねない状況だった。だから変革を訴えるとほとんどの社員が納得したし、熱意を持って取り組んだ。これまでのやり方を変え、新しいプロジェクトをスタートさせると、社内中に高揚感がみなぎった。成果が現れ始めるとみんなますますやる気になり、新たな課題に次々に立ち向かっていった。変革が順調に進む間、全員の意欲を維持できたのは、つねに同業他社と比べていたからだ。類似商品を扱う同業他社と自社とをさまざまな角度から比較対照し、われわれのどこが優っていてどこが劣っているかを指標化して示した。そのことを絶えず話題にし、月に一度は海外の子会社にも出向いて話した。何を目標にするのか、ライバル各社と比べたわれわれの位置づけはどうなっているのか、数字を挙げて示し、なぜいま変革が必要なのかを具体的に説明した。大勢の社員の中に入っていって話し、活発なやりとりがあったものだ。次第に事業が拡大していくと、月一回テレビ会議を行うようになった。

努力の甲斐あって、われわれはさまざまな指標で他社に追いつき追い越すことができた。ライバル各社との比較は楽しい作業になった。たいていの指標でわれわれが先頭に立っていることが、はっきりするからだ。この成功で、社内には明らかに満足感と安心感が充満し始める。万事うまくいったのだから無理もない。われわれはトップだ。トップを走り続けるためにはもっとイノベーションを創出し、もっと強い企業にならなければならないが、そんな言葉にはあまり説得力がなかった。「だってナンバーワンはウチでしょ」と社員は言う。これ以上何を望むのか、と言いたいのだ。「社長もちょっと一息ついたら」と私に言う者もあった。

これは良くない徴候だ。だが私に何ができるだろう。

そこで思いついたのが、視点を変えてみることだった。ライバル各社と比較しても自己満足を助長するだけだが、投資家の視点なら、どうだろう。医療産業という広い分野にはたくさんの投資機会がある。それらと比べたときに、我が社は魅力的な投資対象なのか、どうか。そして私はこう訴えた――われわれは狭い範囲の同業者とだけ競争をしているわけではない。投資家の取り合いをしているのだ。我が社の業績がよければそれでよいのではない。同業者を出し抜けばそれで終わりではない。広い医療産業にはすばらしい企業がたくさんある。途方もないイノベーション、卓越した製品やサービスで投資家の注目を集め、市場から多額の資金調達をしている企業は少なくない。われわれは、たしかにわれわれの小さな分野では成功している。だが我が社の株価収益率は一二倍というところだ。広い医療業界を見渡せば、五〇倍を誇る企業もいくつもある。だからわれわれは、投資家にとっていちばん魅力的な企業とは言えない。

この新しい呼びかけに対しては、興味深い反応があった。社員によって反応がずいぶん違ったのだ。株価収益率の何たるかをよく知っている管理職や財務部門の連中は、すぐに私の言いたいことを理解し、投資家の関心が得られないことを新たな脅威と捉えた。そして、どうすればいいかを考え始めた。

だが多くの社員は反発した。「だってX社が扱っている商品はこれこれだ。だからわれわれと比較にはならない」「X社が投資家に人気があるのは、もっと別の理由からだ。たぶん投資家は新しもの好きなんだ」。人間はそういうふうに考えたがるものなのかもしれない。「あそことウチは違う。ウチはこれでいいのだ」と。だがこれは自己満足につながる道だ。そのことはいくら強調してもし足りない。「このままでいい」と思ったら終わりなのだということを、リーダーは何度でも繰り返し、いろいろなやり方で伝えていかなければならない。私はそう考えて実践した。

場面が変わり状況が変わっても危機意識を維持するための基本中の基本は、社外で何が起きているのかを絶えず知らせることだと思う。ただ尻を叩くだけでは、社員は乗ってこない。そもそも社員は社長の言うことを疑ってかかる傾向があるのだから、なおさらだ。かといって、ひたすら売上げや利益を強調するのも効果的ではない。自社を取り巻く環境に目を凝らし、何かもっと根源的なこと、真に迫ってくるものを察知したとき初めて、「われわれはまだまだだ。もっとやらなければいけない」と感じるようになる。

この話をしてくれたCEOの企業では、まずは危機が変革を後押しした。危機を乗り越え自己満足が芽生えたとき、CEOは「投資家の目で見る」という新しい視点を採り入れて、くすぶりかけた火を再び焚き付けることに成功した。投資指標の面でも医療産業の上位にランクされるようになったとき、またもや危機感は薄れそうになった。しかもその度合いは、最初の成功の後よりも大きかった。そこでCEOは再び外を内に呼び込む努力をする。ただし最初とは違う新しい作戦で臨み、しかも最初のときよりインパクトの強い方法を採用した。

コミュニケーションに一段と力を入れ、社員と膝を突き合わせて話し合い、決意と信念を伝えた。CEOの努力は実を結び、危機意識は再び高まる。そして、この企業は変化に柔軟に対応できる体質へと変わっていった。これは、現代の医療産業で最も望ましい企業文化と言えよう。

私がこのCEOを知ったのは、本書のための調査を始める前だった。そのため、彼がコミュニケーションの大切さをしきりに強調することにやや違和感を覚えたものである。だがいまでは、「コミュニケーション」という言葉が、外を内へ呼び込む（戦術1）、日々の行動で示す（戦術2）、危機を好機と捉える（戦術3）ことをすべて意味していたのだと理解している。危機感を行動で表現することにコミュニケーションが深く関わっていることは、改めて言うまでもないだろう。外を内に呼び込む試みの多くでもコミュニケーションが重要な役割を果たす。そして危機を好機にできるかどうかは、コミュニケーションの質に大きく左右される。さらに言えば、否定論者に対処する（戦術4）のも、コミュニケーションの問題が絡んでくる。本人への対処ももちろんだが、排除するのが適切と周囲に受け入れられるか、苛酷な処置だと批判されるかも、コミュニケーション能力にかかってくるからだ。

成功を手に入れた瞬間から、たとえそれがささやかな成功であっても、危機感は薄れ始める。安堵感と満足感が組織を覆ってしまう前に、もう一度危機意識を高めなければならない。

うまくそれができれば、自己満足は姿を消す。目標をめざして努力が続けられ、大きな成功が達成される。そしてその瞬間から、危機感はまたもやしぼみ始める。できるだけ早く、再びそれを燃え上がらせる方法を見つけなければならない。この繰り返しの末に、はじめは実現不可能と思われていた目標が成し遂げられるのである。こう考えれば、危機感を保つのはじつに単純なことの繰り返しだと言えるかもしれない。だがこの単純な公式が多くの企業を変えると確信する。

column

危機意識を保つ公式

1　成功の後では危機感は薄れやすいとわきまえる。
2　それを食い止める策をあらかじめ知っておく。
3　危機感が薄れ始めたら、心に訴えることに注意しつつ、ただちに適切な戦術を適用する。
- 外を内に呼び込む戦術を強化する。
- 目新しいやり方で、危機感を行動に表す。
- 新たな危機を利用する（または新たに危機的状況をつくり出す）。
- 否定論者の残党に断固とした措置を講ずる。

これらを繰り返し実践することによって、長い間には危機意識が組織文化に根付く。

■危機意識を企業文化に

成功の後で危機感が薄れることを防ぐ最善かつ最終的な解決は、危機意識を企業文化に根付かせることである。変化が単発的だった時代から、変化が連続的でしかも加速する時代に移ろうとするいま、それが強く求められている。

現状に安住せず、停滞を警戒し、「このままではいけない」と戒める姿勢が組織の隅々まで根を下ろしていれば、社員は率先して新しいチャンスを追い求め、新たな脅威を見逃さず、競争で優位に立つ方法をつねに模索するだろう。外に目を配り、変化に敏感になり、機敏に手を打ち、形骸化した習慣を打ち切るといった行動が当たり前になる。必要とあらば変革ののろしを上げ、新しい試みを後押しし、地位や肩書きに関係なくリーダーシップを発揮することも、当然と認められるようになるはずだ。

そうした文化を育てるのに、とくに目新しい秘訣は何もない。必要なのはごく基本的な行動である。すなわち、望ましい行動をリーダー自らが示すこと。それが成功につながることを実証すること。そうした行動を会社の新しい伝統として根付かせ、価値判断の基準とすること。そのために、経営管理上のあらゆる手段や制度を活用すること。具体的には、望ましい行動を実践している社員を昇進や昇給の対象とする、そうした行動をとりやすい組織編成にする、などである。また目先の必要に迫られて、あるいは圧力をかけられて、長期的にはためにならないその場しのぎの行動をとらないよう注意することも大切だ。もう一つ、生まれたばかりの新しい文化は傷つきやすく壊れやすいことも忘れてはいけない。たった一つの無思慮な行動が、根付きかけたものを台無しにしてしまう。たとえば変革に尽くした人間を本社に栄転させたはよいが、その後釜に自己満足の塊のような人間を据えたのでは、誤ったメッセージを発することになる。そして最後に、文化を育てるには時間がかかるから、どっしり気長に構えることだ。新しい考え方が共通の価値観となり、新しい行動が「ウチのやり方」として根付くまで、辛抱強く水をやり肥料をやり続けなければいけない。

危機意識が企業文化に色濃く反映されている企業は、いまのところはごくごく少数である。だがこうした状況も、これからは変わるだろう。変化が加速する時代に成功し繁栄を維持するためには、危機意識の浸透が何より大切だと気づく人が出てくるだろう。時間と努力とすこしの幸運があれば、彼らはきっとそうした文化を定着させることができるにちがいない。それはひいては、経営者と社員だけでなく、多くの人に恩恵をもたらすはずだ。

第九章

未来は今日から始まる

私たちを取り巻く変化の様相を考えると、本書の提案は、現在よりも近未来により一層当てはまるように思う。まったく新しいチャンスやこれまでにないリスクが待っている世界。あらゆる場面で変化のスピードが加速する世界。そうした近未来へと変化のアクセルを踏むのは、激化する競争、次々に創出されるブレークスルー、深化拡大するグローバリゼーション、終わりのないイノベーションといったさまざまな要素だ。もちろん産業によって、あるいは国や地域によって、固有の事情はあろう。だが本書の提案が意味するところは、どれにも通用する。現状に安易に満足する感情は、あらゆる産業を、政府を、国を、危険な状況に追い込む。不安や怒りといった感情は、見当外れの問題や責任転嫁へと向かわせ、無用の行動に時間とエネルギーを奪い、結局は自己満足と同じ結果をもたらす。すなわち、自己満足に浸り切った組織も、偽の危機感が充満した組織も、変化に対して脆弱になり、停滞し、競争優位を失う。対照的に、つねに本物の危機感を抱き、「このままではいけない」「いまやるのだ」という決意がみなぎった組織は、期待以上の成果を上げることができる。それはひとり企業のためであるのみならず、地域社会、ひいては世界にとっても望ましい。

できることから、すぐに

時間をかけて考えるなら、本書を参考にして、それぞれの組織やそれぞれの状況に応じた対策を一〇も二〇も立てることができるだろう。だがそれは、やめた方がいい。やるべきことが多すぎると圧倒され、手を付けるどころかやる気を失ってしまう。スケジュールがいっぱいになっていると、それをこなすだけで精一杯で、重要な問題がおろそかになりがちだ。それよりも簡単にできることを三つか四つ選び、すぐに実行に移す方がずっといい。

たいていの人が、物事を順序立てて考えるよう教えられている。つまり何か問題が起きたとき、論理的に考えて第一にすべきことは何か、第二は何、第三は何か、というふうに考える。多くの場合、このアプローチは正しい。だが危機意識を高めようとするとき、このアプローチは最善とは言えない。たとえば二番目にやるべきことが実行困難だったら、どうするのか。流れは滞り、止まってしまうだろう。だが眠っている人を起こそうとするとき、これは最も望ましくないことである。

五〇項目もの「やること」リストを作ったり、順序立てて論理的に計画を練ったりするのはやめて、簡単にできることをすぐにやろう。きっとできる、そう考えて、まずはやってみよう。どんな病気にも効く万能薬がないように、どんな状況にもこれがベストと言える策などない。とりあえずやってみて、よかったか悪かったか考えよう。周囲の意見や評価を聞こう。役に立たないとわかったら、すぐにやめて別の手を考える。うまくいきそうだったら、続ける。何かをやれば、何かが起きる。活気が生まれ勢いがつく。そうなったら、しめたものだ。慎重な計画が必要なプロセスや、予算や人材を要する行動へと歩を進めよう。

明日ではなく、今日

すぐにできる簡単なことなら、わざわざプロジェクトを立ち上げるにはおよばない。今週、今月のスケジュールに無理なく組み込めるだろう。たぶん、予算も人手もいらない。いまの人員といまの予定といまの予算の範囲内で、これまでとはちょっと違ったやり方を試してみればいい。たとえば職場の環境や文化を変えたいとき、そのためのタスクフォースを編成するのはもうやめよう。人選をするだけで三カ月や六カ月はあっという間にたってしまう。それよりも、明日からの会議でどしどし質問をぶつけてはどうか。たとえば「顧客優先」がテーマの会議だったら、「いまのやり方は、顧客を大切にしているといえるのか」と質問してみる。

リーダーが率先垂範することも大切だ。危機意識を高める四つの戦術の中では、最も早く結果が出るのは、日々の行動で示すという第二の戦術である。他の三つの戦術もすぐにとりかかることはできるが、結果が出るまでにはそれなりの時間を要する。だからリーダーは、明日の会議で質問をぶつけるだけでなく、今日の行動から組織文化に対する危機感を示さなければいけない。だからと言って、むやみに急いだり周囲を煽ったりしてはいけない。リーダーがそれでは部下は困惑してしまう。それに、意図も正しく伝わらないだろう。組織文化のどこがよくないかを具体的に指摘し、よい習慣を身をもって示すことだ。

行動を起こす前に外部の情報を知りたいときも、判で押したようにコンサルタントに依頼するのは、もうやめた方がいい。なるほど彼らの報告書はたいへん立派かもしれないが、予算を組み、コンサルティング会社を選定し、企画書を出させるだけで一年はかかるだろう。それよりも、インターネットを活用しよう。市場の状況、製品の評判、ライバルの動き、技術動向などを調べ上げ、この即席調査に基づいて、とりあえずできることを探す。コンサルタントが無用だというわけではないが、結果が出るまでに時間がかかりすぎる。

頑固な変革否定論者に手を焼いているときは、来年の実績評価で減点するよりも、すぐに対策を講じよう。もし今日、親しい友人や同僚とランチの約束があるなら、どうしたらいいか相談してみたらどうだろう。もちろん、対策の一つとして来年の実績評価を活用するのは悪くない。だが、いますぐできることはやってみるべきだ。それにこれなら、予定を変更する必要もない。

すぐにできることから始めるという原則に従うなら、これから重要になりそうなスキルの習得も奨めたい。変化のスピードを考えれば、さまざまな新しいスキルが要求されるようになるのはまちがいない。

誰かではなく、私たちが

変化は加速する一方である。だから、「このままでいい」ということはあり得ない。

企業経営だけでなくもっと大きな問題を考えるときにも、危機意識を持って臨まなければならない。世界レベル、国レベルで考えてみよう。気候変動、テロ、新興市場の台頭、バイオエシックスから子供の教育、社会保障に至るまで、私たちは危機感を持って取り組んでいるだろうか。何かと理由を付けては先送りしていないだろうか。忘れないでほしい、世界を変えるのは立派な声明や感動的な演説ではない。行動である。次々に会議が開かれ、分厚い報告書が作成されることではなく、いま行動し、いま先頭に立つ人がたくさんいることこそ、世界が危機意識を持った証と言える。

明日ではなく今日、いつかではなくいま、始めなければいけない。次世代のことを考えたら、「このままではいけない」という気持ちになるはずだ。
そう思ったら、行動しよう。きっとできる。

第九章
未来は今日から始まる

著者略歴

■ ジョン・P・コッター（John P. Kotter）

ハーバード経営大学院松下幸之助記念講座名誉教授。専門はリーダーシップ論。マサチューセッツ工科大学とハーバード大学卒業。1972年からハーバード経営大学院で教鞭を執り、1980年に33歳で正教授に就任、終身在職権を得た。

著書に『企業変革力』『ジョン・コッターの企業変革ノート』（以上、日経ＢＰ社）『カモメになったペンギン』（ダイヤモンド社）など。

詳しくはwww.johnkotter.comを参照されたい。

訳者略歴

■ 村井章子（むらい・あきこ）

翻訳者。上智大学文学部卒業。訳書にガルブレイス『大暴落1929』、フリードマン『資本主義と自由』（以上、日経ＢＰ社）、ジョン・スチュアート・ミル『ミル自伝』（みすず書房）、バウワー『マッキンゼー経営の本質』ほか。

企業変革の核心
――「このままでいい」をどう打ち破るか

発行日：二〇〇九年三月一六日　第一版第一刷発行
著者：ジョン・Ｐ・コッター
訳者：村井章子
発行者：黒沢正俊
発行所：日経ＢＰ社
発売所：日経ＢＰ出版センター
郵便番号　一〇八-八六四六
東京都港区白金一-一七-三　NBFプラチナタワー
電話　〇三-六八一一-八六五〇（編集）
〇三-六八一一-八二〇〇（販売）
http://ec.nikkeibp.co.jp/
装丁：黒田　貴
本文デザイン：内田隆史
製作：クニメディア株式会社
印刷・製本：日経印刷株式会社

ISBN 978-4-8222-4730-0